占い大学

占い大学®公式テキスト

五十六謀星もっちぃの

西洋占星術講義

直感的思考のホロスコープリーディング
占い師になるには必須のプロ占星術師の教科書

五十六謀星もっちぃ
Gojurokubousei Motty

説話社

占い大学
FORTUNE UNIVERSITY

占い大学 開講の辞

占い大学へようこそ

本書は、占い大学®の公式テキストブックです。

占い大学とは
「本来の自分を取り戻す」ことを目的に様々な占いを24時間365日好きな場所から好きなときに学ぶことができるオンライン学校です。

占い大学の校訓

その1 占いを通して「本当の自分を知る」
その2 占いを活かして「本来の自分を取り戻す」
その3 占いをきっかけに「理想の人生を謳歌する」

本書を手に取りながら、コーチングスキルに定評のある占い大学の講師陣から素晴らしいメソッドを受け取ってみてください。

〝本当の自分〟を知って、あなたが思い描く理想の人生を手に入れてください。

本書がその一助となることを強く願っております。

占い大学　学長

はじめに

西洋占星術とは、夜空に輝く、実在の星の動きを元にした占いです。

占星術の歴史は古く、楔形文字で有名なメソポタミア文明の粘土板にも、占星術の結果が書かれています。古代の人々は、星空を眺めているうちに、宇宙の星の動きが地上の出来事と連動しているということに気づきました。これが占星術の始まりです。

西洋占星術は、世界中に最もファンが多い占いです。しかし、この占術は元が天体観測などの科学技術と連動しているだけに、理科の香りがする難しいものに感じられてしまうことが多いのも事実です。たくさんの占い師を育成してきた筆者も、「占星術に興味を持っているけれど、何をどこまで学べばよいのかわからない」という生徒さんの声をしばしば耳にします。

本書では、「実占の現場で役立つ占星術」をテーマに、実際に自分や他人を占うために学ぶべきことを、しっかりお届けしたいと思います。占星術の本当の基本を、なるべく平易でわかりやすい表現で書き表すことを目指します。

本格的な占星術は、そう簡単とはいえません。特に初学の場合は、用語の多さに圧倒されて、迷子になってしまうかもしれません。そのため、本書を一読した段階では、難しく感じてしまう部分もあるでしょう。

しかし、もしも本当は難しいことが簡単に学べるとすれば、それは省略してはならない大切な要素を省略しているからです。本書では、安易な省略はなるべく控えて、本当に必要な占星術の知識を、紙幅の許す限りお伝えしたいと考えております。それ故に難しいところもありますが、そんなときは思い切って読み飛ばしてください。それでも大丈夫なようにできています。

とにかく、この本に書かれている内容のすべてを、完璧にマスターしようとは考えないでください。全体の4割もマスターすれば、十分に人を占える実力がつきます。絶対に覚えなければならない部分もありますが、さらっと概説だけを理解して、後はソフトを使って占えば大丈夫な部分もたくさんあります。占星術の学習内容には、重要度の差があるのです。本編では、わかりやすく重要度を★で記しているので、それを参考に緩急をつけながら学んでください。

読み飛ばしてもどうにかなることを一生懸命に書いているのには、重大な理由があります。時間の効率が重視される現代においては、必要な部分だけをまとめた資料や動画で学習を完了してしまうこともありますが、占星術で人を占えるようになるには、それだけでは不足があると考えます。

占星術という占いは、すべてが理論で構成されているように見えて、実は直感が重要な占いです。占星術には完全に定められた特定の読解方法があり、それに従った読み方をしなければならないと考えている人が多数存在しますが、決してそんなことはありません。もしもそんな読み方が存在するなら、それをコンピューターにプログラムするだけで、人の特徴を分析することができるはずです。筆者もこの分野の研究を進めていますが、チャットＡＩを使ってそれらしい鑑定文章を作ることはできても、人間の占星術師のような、背筋が寒くなる的中を目指すことは到底できそうもありません。

占星術を正しく活用するには、「正しい理論」や、「星の意味」の丸暗記だけでは不十分です。占星術は、決まっている答えを覚えて、それを思い出しながら占う技術ではないのです。根本的な星の意味を理解した上で、全体的なバランスを感じながら、イメージを膨らませて占うことが求められます。占星術は、最終的には「直感の占い」です。なので、コンピューターに打ち込んだプログラムでは完璧な占いはできませんが、経験を積んだ占星術師の占いは驚くほどの的中を誇るのです。

直感の占いとはいっても、生まれ持ったセンスが必要ということではありません。占いにおける直感というものは、ゼロから湧き上がってくるものではなく、様々な情報や知識の中から、一つを選び取る連想ゲームのようなものです。例えば、リンゴについて、赤いという情報しか持っていなければ、リンゴという単語からは赤というイメージしか連想できません。しかし、丸い、甘い、青森など、様々な情報を持っていれば、リンゴから連想できる事柄がどんどん増えて物語が生まれます。占星術を直感的に読むとは、まさにこのようなことです。

西洋占星術を読み解くための様々な技法を、少しでも知っていれば、いつかそれが、直感の種になり、偉大な占星術の大的中につながります。これこそが、様々な知識や理論に触れることの意味です。

本書では、基本をしっかり理解しながら、将来的に難解な専門書に当たる際にもスムーズに取り組めるような知識の入り口を示したいと思っています。無限に広がる占星術の空の旅を駆け抜けるための、最高の滑走路となることを祈ります。

本書には連動するＬＩＮＥ公式アカウントがあります。お友達追加していただくと、本書をよりわかりやすく理解するための動画の配信のほか、本書のロジックを手軽に計算できるオリジナルプログラムをお使いいただくことができるようになります。

是非ともお友達追加をして、本書の学習を便利に進めてください。

Contents

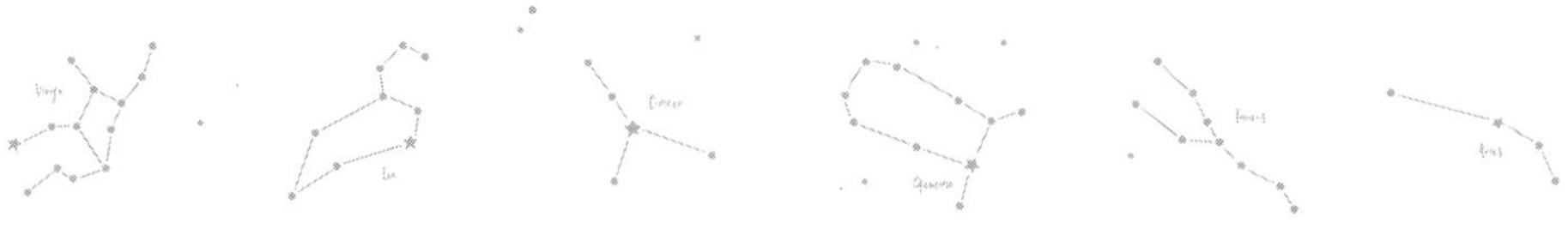

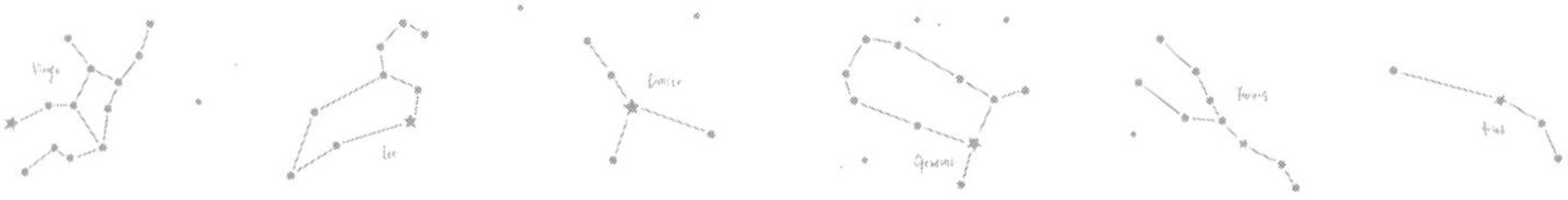

第3章 天体とサインの関係

第4章 アスペクト

第5章 ハウス 247

第6章 その他の占星術理論 309

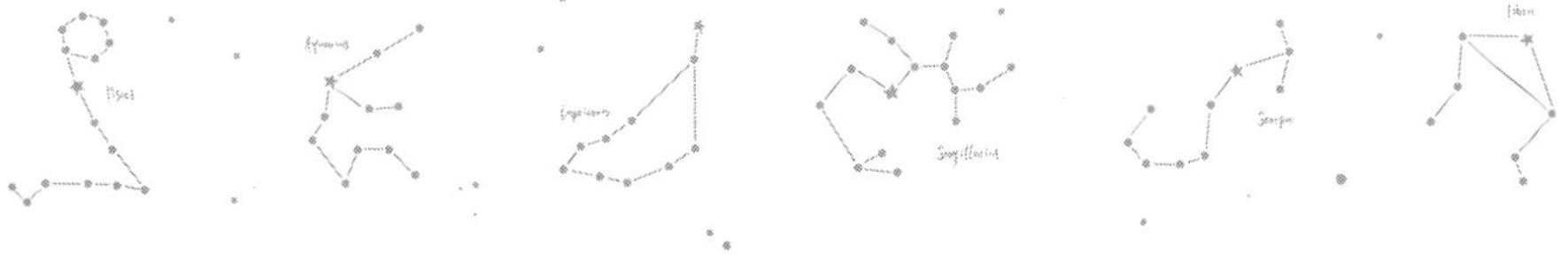

専用のホロスコープ計算システム

占星術の実占には、各天体の度数や速度、点数などを計算する必要があります。そのためのソフトは何種類もありますが、本書での学習内容とぴったりマッチして無料で使える専用のものをご用意しました。本書の章立てに沿って、すべての学習内容に関連する数値を簡単な操作で算出できます。

QRコードを読み込みページにアクセス

↓

LINE公式アカウントをお友達に追加

↓

表示されるリンクをクリックして、
専用の学習ページを開く

↓

ご自分やお友達の生年月日を登録

https://motty56.com/reader

※ご入力いただいた生年月日は占い以外の
目的に使用されることは一切ありません。

LINE表示例

最大6人分の生年月日を登録して、身近な人の性格と、本書で学習する占星術の理論を照らしながら、効果的に学習することが可能です。

独自のアルゴリズムで計算する天体の活動レベルやサイン状況をはじめ、本書の内容と連動して学習を補助する機能がたくさんついています。

本書の読み方

重要度の星の意味

重要度：★★★

何が何でも覚えてほしい最重要の学習テーマです。これを覚えていないと、占星術で占いをすることはできません。

重要度：★★☆

心と時間に余裕があれば覚えていただきたいテーマです。これを覚えていると、実占でしばしば役に立つはずです。

重要度：★☆☆

無理に覚える必要は全くありません。上級な占星術で使う理論や、現代ではソフトが計算してくれるので、人間が把握しておく必要がない計算手順などを紹介する際にこの難易度を表示しています。

序章

占星術の基本

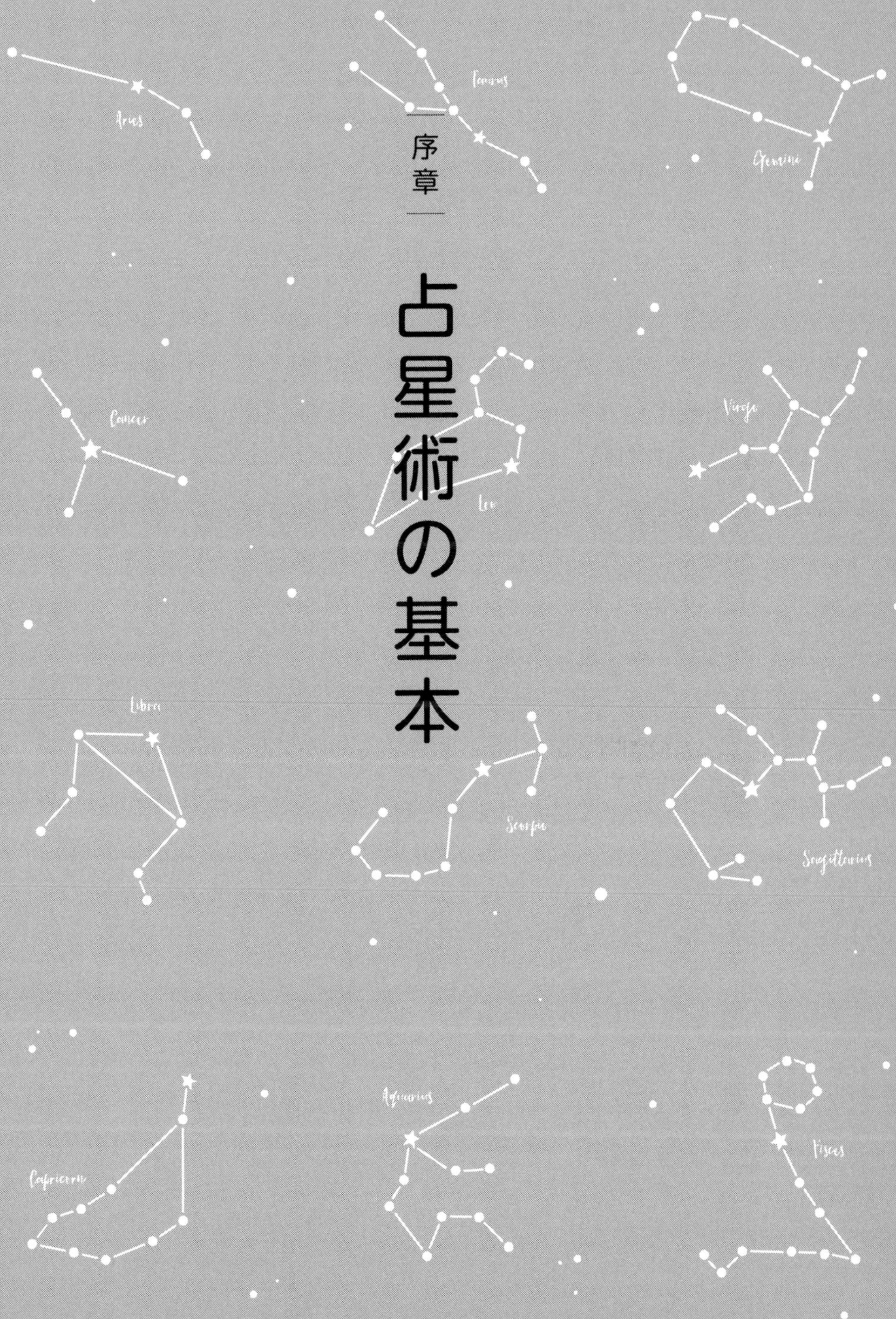
Aries
Taurus
Gemini
Cancer
Leo
Virgo
Libra
Scorpio
Sagittarius
Capricorn
Aquarius
Pisces

西洋占星術の本質

重要度：★★★

占星術といえば、ホロスコープを読む占いという印象を持っている人が多いと思います。ホロスコープとは、占星術が扱う「星の状態」をわかりやすく示した円形の図表です。複雑に見えますが、そこに書かれていることをパーツごとに分割して順に理解していけば、すぐに理解できるようになります。

ホロスコープを読めるようになることが本書のゴールですが、その前に、占星術の根本的な原理について解説します。占星術の本質を正しく理解しなければ、どれだけキーワードを集めても占いは当たりません。まずは序章の内容を完全に理解してから、各要素の説明を学んでください。

占星術の主役

古代の人は、空をよく観測しているうちに、星には2種類あることを発見しました。一つは、互いの位置関係を変えることなく、毎年決まった順番で夜空を巡り、宇宙の背景の模様として張り付いているかのような星である恒星（フィックススター）です。もう一つは、恒星に対して、プラプラとさまようように、進行方向を不規則に変えながら動く惑星（プラネット）です。そしてこの惑星の居場所や状態が、地球上の出来事と連動していると考えたのが占星術の始まりです。

近くにある恒星をいくつかまとめてグループにしたものを星座と呼びます。星座も占星術の重要な要素ではありますが、これは天空における惑星の位置を示す「住所」というのが主たる役割です。

誕生日に応じて魚座や蠍座などの十二種類の星座に人を割り当てる十二星座占いがあまりにも有名なので、占星術の主役は星座だと考えている人が多いと思いますが、これは間違いです。占星術の主役は動き回る星です。その居所を示す住所の方が主役なはずがありません。

現在の占星術では、水星・金星・火星・木星・土星・天王星・海王星・冥王星という8種類の惑星に太陽と月を加えたものをまとめて「天体」と呼びます。これら天体が占星術の主役であり、「天体の状態」を分析することが占星術の本質です。そして、天体の状態を分析する手法こそが、本書で紹介する占星術の技法の数々なのです。なお、これらの10個の天体には、それぞれ固有の役割があります。わかりやすくいえば、愛情運を見る天体や、仕事運を見る天体があるというイメージです。

ポイント！

- 占星術の主役は太陽と月と惑星（天体）
- 星座は天体の位置を示す住所
- 占星術は天体の状態を分析する占い

しっかり確認！

恒星と惑星

宇宙の背景に張り付いている壁紙の模様のような恒星に対して、前後に自由に動き回る星を惑星といいます。占星術では、水星・金星・火星・木星・土星・天王星・海王星・冥王星の惑星を取り扱います。

そして、これに太陽と月を加えた10個の星が占星術の主役で、これらを総称して「天体」（十大天体）と呼びます。

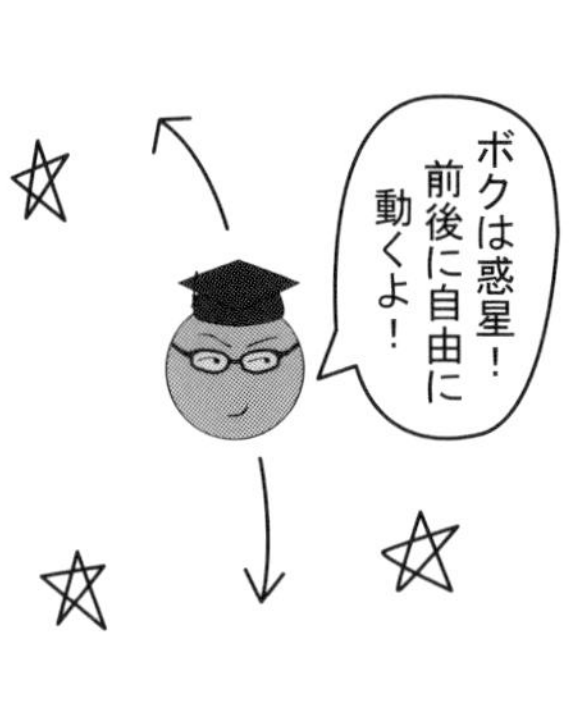

星座（=サイン）

夜空を自由に動く天体の位置を言い表すための住所として、星座が利用されます。

ただし、現代の占星術では、本物の星座と占星術の星座が少し違っているので、専門用語では「サイン」と呼びます。

天体の役割

十大天体は、それぞれが固有の役割を持っています。

例えば、金星は愛の天体です。とある人物の恋愛運を占うときには、金星の状態を分析します。

ホロスコープ

それぞれの天体が、どのサイン（星座）に属しているか。それを円形の図表にデザインしたのがホロスコープと呼ばれるものです。

詳しい見方は後で詳しく解説します!

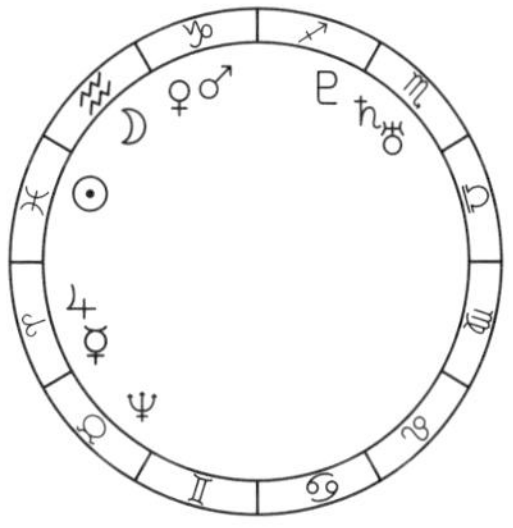

占星術の三大要素

重要度：★★★

占星術の主役は天体であり、占星術の本質は天体の状態を分析することであると前講で説明しました。今回は、その天体を分析する手法のうちで、占星術の基本ともいえる三大要素を紹介します。

それは、サイン・アスペクト・ハウスです。それぞれの詳細な扱い方については、各章で詳しく解説しますが、占星術という占いは、これらが総合的に絡み合った占いです。それ故に最初に全体像をつかんでおくことで、各章の学習がスムーズになります。

サイン（星座）

まずは、十二星座としても親しまれるサインです。サインには天体の住所を示す役割があるとお伝えしましたが、実はサインの役割はそれだけではありません。人間や動物が、住んでいる地域の気候によって影響を受けるように、天体も滞在するサインの影響を受けます。それぞれのサインには、個性的な特徴があります。例えば、執念深さが特徴とされる蠍座に愛情の天体である金星があれば、その人物の恋愛観は執念深くなりますし、知性の天体である水星があれば、一つのことを粘り強く研究する人物になるでしょう。

アスペクト（天体同士の角度）

天体同士が特別な角度を作っているとき、それぞれの天体は互いに影響を与えます。これをアスペクトと呼びます。良い角度を構成する場合には手を取り合い、悪い角度を作るときには傷つけ合うような影響を与え合います。

ハウス（ホロスコープを区切るエリア）

最後にハウスです。ハウスは、見かけ上サインと似た概念です。ホロスコープをピザのように12分割するエリアで構成されています。それぞれの天体がどのハウスに滞在しているかによって、その天体が人生のどのような分野で活躍しやすいかがわかります。例えば、幸運を表す天体が財産を表すハウスにあれば、金銭的に恵まれた人生を暗示するという仕組みです。

これらの三大要素を適切に組み合わせながら、誕生日の天体の状態を分析していくことで、その人物の才能や宿命を分析するのが西洋占星術の基本です。今のところは概略だけ把握しておいてください。

ポイント！

天体の状態を分析する三大要素は、サイン・アスペクト・ハウスであり、それぞれを順に読み取ると、ホロスコープが読める

天体の状態とは

西洋占星術で占うとはどういうことか。これを一言で言えば、「天体の状態を分析すること」であるといえます。

では、天体の状態を分析するとは何かと言えば、これから紹介する様々な技法を使って、天体が「どんな風に、どれくらいパワフルに、どこで、自分の仕事をこなすか」を調べることです。

そのための技法として、代表的なのがサイン・アスペクト・ハウスを分析することなのです。

なお、「自分の仕事」については、天体ごとに最初から決まっています。

天体の状態分析の概略

「どんな風に」の分析

天体がどんな風に活動するかの分析は、主に天体が滞在しているサインによって判断します。ある人物が生まれた日に、各天体がどのサインに滞在していたかを知るだけでも、かなり明確に個性を理解することができるでしょう。

「どれくらいパワフルに」の分析

天体がどれくらいパワフルに活動しているかを理解するためには、主にアスペクトを参照します。天体が他の天体の力を借りて元気に過ごしている場合と、反対に悪い角度で傷つけられてしまう場合があります。

また、天体には相性のよいサインとそうでないサインもあり、それによってパワフルさに差が出ることもあります。

「どこで」の分析

天体が主としてどの領域で活動するかを占う際には、どのハウスに滞在しているかを調べます。これを分析することで、人物の得意分野を理解することができます。

占星術で占うのは運命なのか？

重要度：★★★

突然ですが、占星術とは何を占う占いなのでしょうか。今回は、占星術で示される結果はどのような位置づけのものなのかを解説します。

当然ながら、生年月日は永久に変わることはありません。その生年月日を元に作成するホロスコープも、1人に1つ、永遠に同じです。そういう意味では、占星術は人間が免れることのできない宿命的なものを占うための技術であるように見えます。

しかし、実際には、必ずしもそうとはいえません。

古代の占星術の格言に、「星はその気にさせるが強制はしない」という言葉があります。この言葉こそ、占星術が我々に与えてくれる情報の位置づけを理解するための最大のキーワードです。

占星術では、「○○な傾向にある」などという、曖昧な表現が用いられることが多くあります。それ故に、占星術ははっきりとした答えを出さない占いであると思われがちです。しかし実は、この曖昧さこそが、占星術の極意であり最重要なポイントです。

私もそうですが、多くの人は難しい本を読んでいると眠くなってしまいます。しかしこれは、難しい本に強制睡眠装置がついていて、必ず眠りに落ちるということではありません。なんとか勉強しようと思ってコーヒーを飲みながら頑張れば、最後まで本を読み終えることができるはずです。星が与える影響はこれに似ています。

抵抗しようと意識して行動しなければ、星は人間の心をそそのかして、良くも悪くもホロスコープに記された通りの人生を歩ませようとします。しかし、ホロスコープを読解して、星の与えてくれる恩恵や意地悪な妨害を理解することで、それをそのまま受け入れるか、はたまた避けるための行動をとるかを選択できるようになるのです。それこそが占星術を学ぶことの意味です。

星が与える影響とは、避けることができるものであるが、意識しなければそうなるというものです。まろやかな言葉の裏側に、そういう力強い予言力を持っていることも、西洋占星術の魅力の一つです。

ポイント！

- 占星術が示すのは避けられない運命ではない
- 「星はその気にさせるが強制はしない」
- 受け取る影響を選別して開運する

占い師の実務における占星術

プロの占いの現場では、気持ちや状況などの変化しやすいリアルタイムのものを占うときにはタロット占いなどを用いて、中長期の視点で人生を考える場面や、人柄を分析するときに占星術を使うという役割分担をすることが多いです。人物の特徴をつかむことで、今の状況をより深掘りすることができます。

ソフトな占星術とハードな占星術

古来占星術には、大きく2つの考え方がありました。星の影響は絶対的であり、避けられない定めであると考える「**ハードな占星術**」と呼ばれる考え方と、本書で解説しているように、運命は変えられると考える「**ソフトな占星術**」です。

現代の占星術師のほとんどは、ソフトな占星術の視点に立って鑑定を行っています。

占星術で運命を変える方法

占星術を使って運命を変える方法はいろいろあります。その方法の基本は、人生に巻き起こっている問題の原因を究明することにあります。

恋愛がうまくいかない人物がいるなら、その人の恋がうまくいく方法を直接に考えるよりも、現在うまくいっていない理由を占星術で探り、それを止めることから始めるのがよいでしょう。例えば、パートナーを選ぶ力に問題があると占いが示したなら、そこから解決策を見いだします。もしも友人には恵まれる星回りなら、友人にパートナーを選んでもらうことで解決することを検討します。

また、日取りを選ぶことで星の運を活用するまじない的な技法も存在します。これを択日（たくじつ）と呼びます。

避けがたい運命もある

未来が変えられるといっても、簡単とは限りません。運命は変えられるという視点に立って占っていても、さすがに抗えないほど強烈に「星にその気にさせられてしまう」状況を目にすることがあります。

人生にはどうにかなることとそうでないことがあるとするなら、それを見極めることも占星術師の役割です。

理論と直感

重要度：★★★

占星術の初歩においては、ルールに従って読むことで、誰でも答えを出すことができます。本書では、その読解のルールを明瞭に解説することを心がけていますが、その読解のルールが絶対的なものなのかといえば、私はそうは思いません。

占星術には長い歴史があり、数々の名著が生み出されてきました。もしも占星術の読み方に正解があるとするなら、過去に出版された占星術の技法をプログラム化することで、正しい占いができるようになるはずです。しかし現在のところは、十分な正しさを感じさせる自動占いのプログラムは存在していません。筆者も、占星術に関するプログラミングのスキルを有していますが、人を納得させて幸せに導くような解読を実行するＡＩの開発は、極めて難しいと考えています。

それはなぜかといえば、占星術の読解における最も重要なパートは、星の情報を解読した上で、人間が直感的にどう感じるかが一番重要だからです。

世の中には何十億もの人間がいて、それぞれに別々の性格と人生があります。その人生を、あらかじめ用意されたルールだけで読み分けるなど、できるはずがないのです。

占星術はルールだけで占う技術ではありません。基本となる手順を参考にしながらも、最終的には読み手である占星術師が最終的な答えを探し出して、インスピレーションに従って読み解く占いです。

直感的に占うとはいっても、自由に考えていい範囲は大きく分けると次の二通りです。

・どの天体のどの状況に注目するかという、着眼点の自由。
・読み取った事実をどのような言葉で表現するかという、表現の自由。

この2つの自由を適切に使いこなすのは、最初は難しいかもしれません。しかし、生まれ持ったセンスがなければできないのかといえば、それも違います。占星術では、知識を深めることだけが直感を鋭くする唯一の方法です。知識を深めて良識に従って解釈することを心がければ、必ずや的中する占星術師になることができるでしょう。

ポイント！

- 占星術はガチガチの理論だけでは占えない
- 最後の解釈は自分の直感が決める
- 直感力は知識の充実によって高まる

直感力とは何か

最終的に占星術は直感で読み取る占いです。そうはいっても占星術で必要な直感力は、持って生まれた才能ではなく、後から身につけることができる技術です。

一流の将棋棋士は、盤面をぱっと見ただけで、詳細な分析をせずともどっちが優勢かを見極める能力があるといわれています。これはまさに直感です。無論、将棋のプロが霊能者であることを示しているわけではありません。そこに至るまでの無数の経験と知識が、直感的なひらめきの力に変わったのです。

占星術の世界でも同じことが起こります。たくさんの知識を得ることで、どこに注目してどの言葉を選ぶべきかが自然に見えてくるようになります。

まずは信じて勉強しましょう!

2つの自由について

着眼点の自由

サインやアスペクト、ハウスなど、様々な分析ツールの中で、どの指標を最も重視するかを決めるのは占星術師の判断です。占星術の読解を、人間だけの技術にしている最大の要因です。

どこに注目するかによって、得られる結果が変わることがありますが、どれを選んでも大きな間違いということにはなりません。結局、すべて星が示している真実だからです。しかし、蟻を踏まないようにしている山賊がいたとして、それを繊細な人間というのは100点ではありません。「山賊にしては繊細」という解釈はありますが、所詮は山賊です。人物の特徴を端的に表すポイントを見極めることが重要です。

表現の自由

星が示していることをどのような言葉で伝えるかは、最も重要なことです。占星術に限らず、占いは結果の伝え方次第で印象が大きく変わってしまいます。

たとえ占い師のイメージしていることが正解でも、言葉が適切でなければ正しく伝わらないのです。

各天体やサインの意味を、キーワードの暗記だけでなく、根本的なイメージを自分の中で固めながら学ぶことが、表現をうまくするためのポイントです。

序章の振り返りテスト

問題1

占星術の主役は何でしょう?

(　　　　　　　　　　　　　　　　　　　　　　　　)

問題2

天体の状態を分析するための三大要素といえば?

(　　　　　　　)・(　　　　　　　)・(　　　　　　　)

問題3

次の文のうち、サインとハウスを説明しているのはどれでしょう。それぞれ選択してください。

A. 天体がどこの位置にいるかを示す絶対的住所

B. 天体の活動領域を示すエリア

ハウス(　　　)　サイン(　　　)

問題4

天体の位置関係を視覚的にわかりやすい円形の図表にまとめたものを、一般になんというでしょう?

(　　　　　　　　　　　　　　　　　　　　　　　　)

問題5

占星術で示されている運命は決してあらがうことができないものである。○か×か。

(　　　)

第1章

天体

専用の学習ページでは…

LINEを通じて提供している専用の学習ページでは、登録した生年月日について、各天体の活躍度合いの善し悪しを計算した活動レベルを表示しています。この数字は、本書で紹介する様々な技法を自動計算したものですので、是非とも参考にしてください。

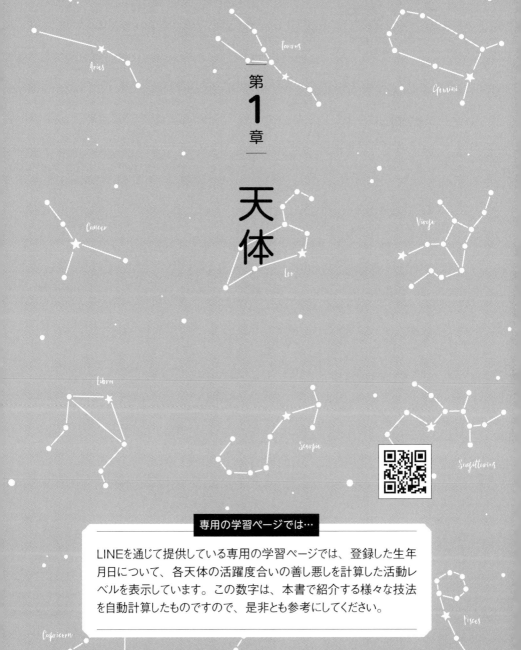

天体について

この章ではいよいよ、占星術の主役たる各天体の詳細な解説をします。これまでに述べた通り、すべての天体には、それぞれ固有の役割があります。その役割を知ることが、西洋占星術を理解する第一歩です。とにかくまずは、十大天体について、それぞれがどんな役割を持っているのかを理解してください。

十大天体の分類

重要度：★★★

十大天体と一口に言っても、それらの天体はすべて同じレベルではありません。移動速度や地球からの距離、光の強弱などによって様々な方法で分類されており、人間に与える影響も異なります。

非常にざっくり言えば、この本では人間に与える影響が大きい順番に天体を紹介しています。空を移動するスピードが速く、そして光が強い天体は人間に強力な影響を与えます。中でも、太陽と月、水星と金星、そして火星までの5つの天体は特に重要です。これら5つの天体は、個人の性格に決定的な影響を与えるため、個人天体と呼びます。これらの天体だけは、何が何でも特徴を覚えておいてください。

逆行と順行

重要度：★★★

太陽と月を除く天体は、進行方向が一定ではありません。進行方向による影響は後で解説しますが、現段階では基本的な占星術用語として、天体が前に進むことを順行、後ろ向きに戻ることを逆行と呼ぶことを覚えてください。

天体の意味こそ占星術の基本

重要度：★★★

占星術は、どこまでも天体を中心とした占いです。この先紹介するサインにもそれぞれ意味はありますが、それらは関連する天体の意味に基づいて決定されています。この章を通じて、占星術の根本原理である天体の知識を身につけてください。天体を正しく理解することが、占星術の入り口にして出口です。

本文中では、それぞれの天体の状態が良い場合と悪い場合に、どのような結果が生じるかなども解説しています。その状態分析の実際の方法は、後に詳しく説明します。この段階では、それぞれの天体がどのような役割を果たすのかを理解するためにさらりと理解してください。

データの見方

吉凶の区分

天体には、良い意味の星と悪い意味の星が存在します。良い星をベネフィック、悪い星をマレフィックと呼びます。なお、水星だけは状況に応じて吉にも凶にもなると考えられています。

1日に動く度数

その天体が、24時間で移動する度数の目安を示しています。ざっくりいえば、1より大きければ速い天体だと覚えておいてください。

細かいことをいえば、数値は平均値ではなく、順行時と逆行時のそれぞれの中央値を示しています。データは著者が300年分の天体の動きを分析したものです。

1周にかかる時間

天体がホロスコープを1周するのにどれくらいかかるかを示しています。順行と逆行を繰り返して、最終的に同じところに戻ってくるまでの期間です。

天文学では、太陽の周りを回るのにかかる時間を示す公転周期が紹介されますが、地球から見たときの惑星の動きは、逆行の関係で公転周期とは異なりますので、占星術師が参考にするべきなのは本書の数字です。

サイン滞在日数

1つのサインにとどまる標準の日数の目安です。水星と金星、火星については、順行時の標準的な期間を示していますが、木星以降の天体は、サインを移動する前の逆行期間を含めた平均日数を掲載します。

逆行期間

天体が逆行している期間と、逆行終了から次の逆行までの期間の平均をそれぞれ示しています。

年齢域

その天体の影響を最も受ける年齢を示します。

支配するサイン

その天体と最も関連が深いサインです。

天体学習のポイント

天体を覚える際には、まずその天体が宇宙の中で何を担当しているのかを理解することが重要です。本書では、その天体が司るものを、なるべく最初に解説するように心がけています。

まずは天体の担当する分野を理解してください。

進行速度などの数字は、決して暗記する必要はありません。速いか遅いかをイメージするだけで結構です。

また、天体を示す記号の由来も解説していますが、これも参考程度にとどめておいてください。

全宇宙の王者

吉凶の区分	吉
1日に動く度数	0.95〜1.02
1周にかかる時間	365.24日
サイン滞在日数	約1ヶ月
逆行期間	しない
年齢域	24〜34歳
支配するサイン	獅子座

太陽
Sun

重要度：★★★

太陽は、西洋占星術の主役の中の主役です。ホロスコープにおける太陽の働き方を理解することで、その人物の全体的な特徴を知ることができます。

雑誌やテレビなどで見かける十二星座占いは、英語ではSun sign astrologyといいます。これは文字通り、生まれた日の太陽がどのサインに滞在しているかのみを材料にした占いです。十二星座占いは、そのシンプルさ故に、不当に軽視されてしまうことがあります。しかし、実際に自分の誕生星座を調べてみると、細かいところまではわからずとも、おおよその性格を言い当てられていると感じることがあるでしょう。これこそまさに、太陽が占星術の主役であることの証拠です。

太陽は、その人物が社会の中でどのように振る舞うかを示しています。性格や雰囲気の特徴だけでなく、人生を通じて求めるものを示すこともあります。人生における究極の目標が、愛なのかお金なのか名誉なのか、そういうことを分析するときにも太陽を参照してください。

仕事に関することや社会的な活躍について占うなら、まずは太陽をチェックしましょう。どのような仕事に向いているかを判断することもありますが、より厳密にいえば、どのように働くのが最適かということを占います。

たとえていえば、「絵を書く仕事」に向いているかどうかではなく、絵描きとして働く上で、自身の孤高の芸術を追究するのか、はたまた少しでも商業的に安定しやすいイラストレーターを目指すのかを分析するのが太陽の役割です。

実占の中で太陽を鑑定する際には、太陽が滞在しているサインから対外的な性格や社会的な雰囲気全体を観察します。これはその人物のすべてではありませんが、おおよその特徴と、あるべき姿を示しているといえるでしょう。多くの場合、人間は太陽があるサインの与える影響に従って生きることが、最も過ごしやすく、幸福につながりやすいと考えられています。

太陽に対する他の天体からのアスペクト状況は、社会との関わりを示す場合が多いです。太陽に対してよいアスペクトがあれば、たくさんの人から支えられる人生を示しますし、反対にアスペクトが極端に少ない場合は、社会と関わる窓口を作るのに苦労する場合があります。

太陽の状態を総合的に判断したときに、太陽がダメージを受けることなく悠々と輝いているようであれば、その人物は人生において苦労を知らずに過ごすことができるでしょう。逆に状態が悪ければ、人生の様々な場面における苦労を暗示します。

太陽
Sun

ポイント

- ホロスコープの主役
- 人物の全体像を表す
- 人生の目的や働き方を示す

キーワード

生命力・パワー・偉大さ・気品・父親・リーダー
自分自身・夫・可能性・心臓・黄金・王様・高級品

記号とその意味

占星術記号は、太陽をシンプルに図表化した丸に点です。古代エジプトで、太陽神ラーのシンボルとして使われていたとされています。

実占でのチェックポイント

人生の総合運

どんな人柄か、人生の目標は何かを占う。他人からどう見えるかを示すことが多いです。

適した働き方

バリバリ活動するべきか、もしくはゆっくりやるべきかなど、仕事に対する取り組み方を鑑定する際の参考にします。

結婚運

人生をともにするパートナーに求めるもの、またはパートナーとしての振る舞いを示すことがあります。

心を写す鏡

吉凶の区分	吉
1日に動く度数	12〜15
1周にかかる時間	27.3日
サイン滞在日数	2〜3日
逆行期間	しない
年齢域	0〜7歳
支配するサイン	蟹座

月
Moon

重要度：★★★

月は太陽と並んで、とても重要な意味を持つ天体です。内面的なものや精神的なこと、幼少期に身につけた感覚など心の中身を司ります。

太陽は社会的な活動を中心とした「外から見た人物」を映す鏡でした。それに対して、月が示しているのは、本人が思っている自分像であると考えるとわかりやすいでしょう。自分自身がどんな人物だと認識しているか、あるいはどんな人物であろうとするかを知るためには、月のサインを見るのが一番です。十二星座占いで見る太陽の性格があまり当たっていないと考える人も、月のサインの説明を読むと納得するかもしれません。

月が示す性格は本人の自己認識なので、必ずしも真実とはいえないこともあります。しかし、人は自分が認識している自分らしく振る舞うことを目指すものです。それ故に、占星術で人物の特徴をつかもうと思えば、太陽と月の両方を適切に参照することが極めて重要です。

社会的に与えられた役割を示す太陽と、本人の願望を表す月という視点で両方の天体を読み分けると、適切な人物分析ができるはずです。まずは自分や親しい人の太陽と月を見比べて、その読み方を具体的に体感してみてください。

ホロスコープにおいて、月が大活躍している人物は、自信満々で気高い自意識を持ち、心に従ったストレスの少ない生活を送ることになるでしょう。反対に月が悪い状態に置かれている人は、精神的な不安定さを抱えてしまうことがあるかもしれません。悪い天体との悪いアスペクトで傷つけられている場合にはなおさらです。

月がどのサインにいるかによって、その人物がどのような理想を抱き、どんな人物であろうとするかを読み取ります。また、どのような環境でリラックスできるかも示しています。月は家庭の象徴でもあり、結婚生活に対する理想像を示すという側面もあります。たくさんあるように思うかもしれませんが、結局はすべて同じことです。家の中では誰もが本当の自分の姿でくつろぎたいと考えるものです。それがどんな雰囲気かを示すのが月なのです。

太陽の導きに従って行動することは、社会的な成功につながるとお伝えしましたが、月の導きに従って行動した場合は、社会的な成功よりも内面的な充実につながることになるでしょう。社会的な活躍以上に、心の平安と個人的な幸せを求めている人には、月のサイン状況やアスペクト、ハウス状況などを分析して、それらをより活用できる方法を考えるのがよいでしょう。

月
Moon

ポイント

- 太陽と並ぶホロスコープの2枚看板
- 自分が思っている自分を示す心の鏡
- 心の中身や安心を表す

キーワード

精神性・安心・自意識・自我・夢・母親・保護者
趣味的分野・家庭生活・メンタル・周期・直感

記号とその意味

いわゆる三日月形をそのまま図にしています。左側が欠けているのが一般的で、これは新月から数日後の月の形です。

実占でのチェックポイント

自己認識する自分

月の状態とホロスコープ全体像の比較をすることで、自己肯定感の高さを占うこともできます。

心が求めているもの

どのような環境にいると安心するかを見極めることで、幸せをつかむためのステージを考えることができます。

理想の家庭像

安心できる環境は、すなわち結婚生活の理想像に通じます。結婚運は月と太陽を精査する必要があります。

クールな知性派

吉凶の区分	時によって変動
1日に動く度数	1.6／−0.7
1周にかかる時間	362.2日
サイン滞在日数	順行時で19日程度
逆行期間	22日（93日間隔）
年齢域	7〜15歳
支配するサイン	双子座・乙女座

水星
Mercury

重要度：★★★

水星は知性や情報を司る天体です。月に次いで2番目に移動速度が速く、逆行のサイクルが最も短い天体でもあります。それ故に、個人に与える影響も強く、重要視されています。

水星のメインテーマは、知性とコミュニケーションです。具体的には、その人物の思考回路や話し方などを示しています。思考回路や話し方といえば、その人物の脳内と発信のすべてを請け負っているようにも聞こえてしまいますが、それは違います。

太陽と月が形作った人物の内面を、水星というスピーカーを通じて発信していると捉えるのが適切です。考えの内容そのものではなく、それをどのような手順で考えるのか。そして話す内容ではなく、どのような言葉を選んでそれを伝えるのか。これこそが水星の示しているものです。

例えば、とある人物が、太陽と月の影響で、「静かに過ごしたい」という願望を持っていると仮定しましょう。その上で、水星も静かさを求める乙女座などのサインにあれば、静かに過ごすために他者との会話を控えるという選択をとる人物であることが読み取れます。もしも、この人物の水星が激しいサインに滞在しているなら、静かにしたいから話しかけないで欲しいと、周囲に力強く主張することを選ぶ人物になるかもしれません。

水星は、その人物が目的を達成するためにどんな手段を持っているかを示す天体であるともいえます。そもそもコミュニケーションも人との関係向上や説得などの目的を達成するための手段です。水星はそれ以外にも様々な面で、目的を果たす能力の強弱を解読するヒントになります。

水星の状態がよければ、話上手で知的な雰囲気をまとい、現代社会の複雑なシステムを上手に使って欲しいものを手に入れることができる人物になるでしょう。反対に水星に何かしらのダメージがあると、考えていることや願望を言語化するのに苦手意識を持ってしまうかもしれません。

実占では、どのような能力や才能を持っているかを分析するときも水星を参照します。水星のサイン状況によって、どんな分野の能力が優れているかを見極めることで、適職を判定することができます。まさに、太陽が示す人生の目標を「達成する手段」としての職業を、水星から読み取るわけです。

また水星は地球よりも太陽に近い天体であるため、太陽から27・8度以上離れることはありません。そのため、すべての人物の水星は、太陽星座と同じか、両隣いずれかのサインにあることになります。

水星
Mercury

ポイント

- 知性とコミュニケーションを司る
- 思考の内容ではなく伝達方法を示す
- 目的を達成するための能力を読み取る

キーワード

コミュニケーション・学び・知識・情報・説得・技術
表現力・ずるさ・嘘・記憶・能力・調和・営業・法律

記号とその意味

☿

2匹の蛇が絡まったヘルメスの杖の図像化、もしくは魂を表す三日月と、精神を示す円、実質を示す十字を組み合わせたものです。

実占でのチェックポイント

才能のある分野の診断

水星の解読に従った仕事選びは、能力があるという理由で他者からの評価を得やすい分野といえます。

口調と本性の乖離を読み取る

怒りっぽい性格で乱暴な口調なのか、それとも口調だけなのかを理解することで人物の理解が深まります。

どんな風に話せば通じるか

話を理解してもらうにはどうすればよいかを知るために、説得したい相手の水星を参照にします。

愛と美の星

吉凶の区分	吉
1日に動く度数	1.25／−0.6
1周にかかる時間	361.4日
サイン滞在日数	順行時で24日程度
逆行期間	42日（541日間隔）
年齢域	15〜24歳
支配するサイン	牡牛座・天秤座

金星

Venus

重要度：★★★

占星術で恋愛について占う際に参考にする天体が金星です。金星の英語名はヴィーナスですが、これは愛と美の女神にちなんで名付けられています。

金星は、その人物がどのようなものに対して愛を感じるかを示します。金星の状態を総合的に分析することで、その人物の恋愛の傾向をつかむことができるでしょう。金星がよい状態にあれば、愛情に恵まれた人生を送ることができます。反対に金星にネガティブな要素があった場合には、リスクのある恋愛を好むなど、恋愛がらみのトラブルを暗示します。

恋愛のことを占う場合には、結婚願望などの人生全体の方向性を太陽と月で鑑定した上で、それをベースにして金星の状態を観察します。どんな相手とどんな形で関係を持ちたいかを金星から読み取ります。

条件だけでなく、心の満足感を得たいと願う気持ちは、特に恋愛において強く発揮されるものです。たとえ結婚相手としての条件が整っていたとしても、気持ちが乗らなければ恋愛に発展することはありません。

その気持ちの部分、つまりときめきを感じるかどうかを支配しているのが金星です。金星は欲望の星であるともいわれています。心が渇望するような相手であるかどうかを、金星によって判断する技法もあります。

金星が滞在するサインは、その人物の理想とする恋愛の傾向や、相手の特徴を示します。穏やかなサインにあれば、穏やかな相手と穏やかな恋愛をしたいという願望を持っていることが読み取れます。

好きな人の金星のサインを調べて、そのサインに自分の重要な天体があるかどうかを元に相性を占うこともできます。これは占星術における最もシンプルな相性診断のテクニックです。

金星の扱うテーマは、恋愛だけではありません。愛着を持って取り組むことや、美意識に関連すること全般が金星の支配領域です。芸術家として大成するためには、金星の働きが豊かであることが重要です。美的センスに関する仕事を占う場合には、水星だけでなく、金星の状態も注視する必要があります。

なお、金星は水星と同様に、太陽のそばを離れることがない天体であり、最大離角は47・3度です。そのため、金星が観測しやすい時間帯は、日没や日の出の前後に限られています。明けの明星、宵の明星という言葉を聞いたことがあるかもしれませんが、これは両方とも金星のことです。紫に染まった空に白く輝く金星は、幸運の星であると考えられてきました。

金星

Venus

ポイント

- 愛と美を司る天体
- 恋愛スタイルや理想の相手を占う
- 心がときめく欲望の形を示す

キーワード

愛・関係性・欲望・社交性・美意識・誘惑・自己愛
親密感・満足感・幸運・エロス・豊穣・喜び

記号とその意味

♀

ヴィーナスの持つ手鏡の図像化、「明けの明星」を表すギリシア語の頭文字、実質を表す十字に精神を表す円の組み合わせ等、諸説あります。

実占でのチェックポイント

愛すべき相手を考える

どのような相手と恋愛をすることで、ときめきを感じて楽しく過ごせるのかを鑑定します。

恋に落ちるシチュエーションをみる

恋愛を始めるきっかけを占って、その人物の恋愛の傾向を理解します。

相手の好きなタイプを見定める

気になる相手が好む雰囲気を理解することで、アプローチする手がかりを探ります。

宇宙の勇者

吉凶の区分	凶
1日に動く度数	0.75／－0.37
1周にかかる時間	678.8日
サイン滞在日数	順行時で40日程度
逆行期間	73日（706日間隔）
年齢域	34〜45歳
支配するサイン	牡羊座

火星
Mars

重要度：★★★

赤い輝きで個性を放つ火星は、勇気や闘志などのエネルギッシュなものを司る天体です。名前の通り、心に火が付くようなこと全般を支配します。意思を持って行動を起こすことや、性的衝動なども火星の割り当てです。

英語名マーズの由来は、古代ローマの軍神マルスです。古い時代の占星術では、戦いの能力を占う天体と考えられていました。戦場でどれだけ手柄を立てる勇者になれるかどうかを占う方法が書かれている本もあります。

さすがに現代では、軍人としての才能を占ってほしいという依頼はありませんし、この先もないことを祈るばかりです。しかし、スポーツマンとしての才能を読み取るために火星を分析することがときおりあります。

スポーツの世界で優秀な成績を上げた人物のホロスコープを分析すると、生まれた瞬間の東の地平線、もしくは空の頂点に火星がある人が多いというデータがあります。これは「火星特効」と呼ばれるもので、占いには珍しく、統計的手法によって発見されました。

スポーツの才能を火星から読み取ることは非常に興味深いことですが、現代の占星術師が日常的により多く扱うのは、その人物の行動力や自己主張のあり方などを分析するという用途かもしれません。

火星の状態がよければ、勇敢で力強く、勝敗に固執しすぎない人物になるでしょう。反対に火星の状態に問題があれば、怒りっぽい虫が心に巣くい、感情にまかせて人に八つ当たりをしてしまう衝動を抑えられない人物になるかもしれません。もちろん、火星の状態が悪いからといって、ただちに他人に暴力を振るう悪人であると考えるのは早計です。火星の解読の仕方は、非常にデリケートな問題をはらむテーマですので慎重に検討する必要があります。

火星が滞在しているサインは、その人物がどのような自己主張をするかを見極めることができます。ケンカの仕方を示している場合もあります。また、トラブルを乗り越える際や、いざというときの行動パターンも火星から判断することができるでしょう。

火星と金星は、部分的に対をなす存在でもあります。金星の示す恋愛が心の充足を求めるタイプの愛情を示すのに対して、火星は力強く相手を惹き付ける魅力を表示しています。恋愛は互いの心が求め合って初めて成立するものではありますが、そのスタートの段階ではときとして刹那的な感情や、相手を求めてやまない力強さが重要な場面もあります。火星は性的な面を含めた、恋愛の衝動的な部分を占うのにも役立ちます。

火星
Mars

ポイント

- パワーやエネルギー、衝動などを司る
- どんな風に自己主張をするかを示す
- 異性を惹き付ける魅力を示すこともある

キーワード

衝動・行動・意思・積極性・エネルギー・せっかち
怒り・暴力・トラブル・刃・攻撃・英雄・火炎

記号とその意味

♂

軍神マルスが持っていた槍を図像化したものです。なお、金星とともに雄雌を表す記号としても使用されていますが、占星術記号が先です。

実占でのチェックポイント

ストレス解消の方法を考える

抑制することが多い現代社会において、自己主張の場を活用することはストレス解消につながります。

気をつけるべき衝動を読み取る

火星は有り余るエネルギーにより、しばしばトラブルの火種になります。衝動の暴走を防ぐことが重要です。

トラブルをもたらす相手かどうかを見極める

相性占いでは、相手の火星が自分の主要な天体と悪いアスペクトを作っているのはマイナス要素です。

最大のラッキースター

吉凶の区分	吉
1日に動く度数	0.22／−0.12
1周にかかる時間	4266日
サイン滞在日数	約1年
逆行期間	120日(278日間隔)
年齢域	45〜57歳
支配するサイン	射手座

木星
Jupiter

重要度：★★★

占星術において、最も重要なラッキースターは何かと言えば、それは木星です。木星は金星と同様に、その表面が分厚い雲に覆われた天体です。その雲が鏡のような役割を果たすために太陽の光をよく反射して、白く輝いて見えることから、これらの天体は吉星と見なされてきました。

木星は、幸運の星であるということそのものが役割のようなものですが、より具体的には発展と拡大を司る天体です。実物の木星も、太陽系の惑星で最大の直径と重量を誇り、地球318個分の重さがあります。

これまでに紹介した５つの天体（個人天体）と違って、木星から先の５つの天体は、どのサインに滞在するかによって個人の特徴を占うことはほとんどありません。移動速度が遅く、同年代の人物はみな同じになってしまうためです。

もちろん木星以降の星がホロスコープで何も仕事をしないのかといえばそんなことはありません。木星のあるサインが全く関係ないというわけではなく、強いていえば、木星のサインは、その人物がどのように物事を発展させるかを示しています。

そして、木星以降の天体は、個人天体との関係性の中でその存在感をあらわにします。特に最高のラッキースターである木星は、個人天体とアスペクトを作ることで、その天体の状態を良くする働きがあります。木星と良い角度を作っている天体があれば、その天体の状態はかなり良好だと考えてよいでしょう。その天体の持っている意味が、木星の力で拡大されて大きな力を発揮するようになります。

また、木星がどのハウスにいるかは、その人物の運命に大きな影響力を持っています。木星が滞在しているハウスが支配する分野に、その人物の幸運を切り開く鍵があると考えてよいでしょう。木星がもたらしてくれる幸運と発展の道筋をどのように活用するかを考えることは、占星術師の大切な仕事の一つです。何か困ったことがあれば、木星のハウスやアスペクトに注目してみましょう。そこからヒントを導き出すことができるかもしれません。

基本的には良い意味を持っている木星ですが、一つだけ注意しなければならないところがあります。それは、木星が持っている「膨らむ」という性質は、発揮のされ方によっては悪いものを膨らませてしまうことがあるということです。膨らんで困るものといえば、借金や憎しみ、ダイエット中のお腹などいくつかあります。このようなテーマを占うときには、木星が悪い角度を作っていないか、十分に精査する必要があるでしょう。

木星
Jupiter

ポイント

- 占星術の最大のラッキースター
- 発展や拡大を支配している
- 他の天体の状態の良さに絶大な影響

キーワード

発展・幸せ・ラッキー・信じる・富・豊かさ・政治家
風船・高貴さ・石油・海外旅行・哲学・大学・宗教

記号とその意味

♃

地球を除いた、太陽系の第４惑星として知られていたことから、数字の４をアレンジして記号にしたと言われています。

実占でのチェックポイント

どの天体とアスペクトをとっているか

木星と良好な角度を作っている天体は、ホロスコープ内で大活躍します。例えば、太陽が木星とアスペクトを形成していれば社会的な活動が大いに発展するでしょう。発展力を最大限に生かすためにも、木星のアスペクトはすべてチェックして活用したいものです。

どのハウスに滞在しているか

木星があるハウスは、人生における幸福や豊かさを得やすい舞台といえます。

宇宙の鬼軍曹

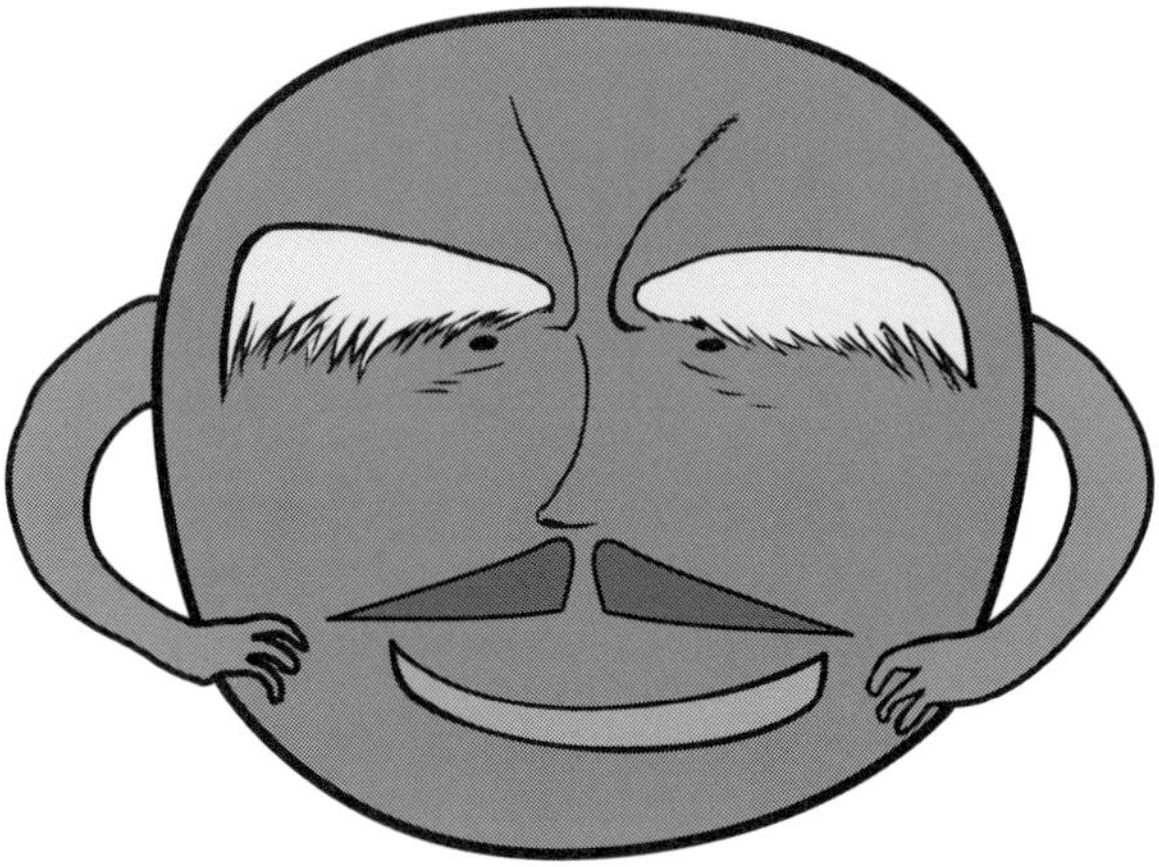

吉凶の区分	凶
1日に動く度数	0.12／−0.07
1周にかかる時間	10618日
サイン滞在日数	平均2.4年
逆行期間	137日（240日間隔）
年齢域	57〜70歳
支配するサイン	山羊座

土星
Saturn

重要度：★★★

土星は、木星や金星のように明るい天体ではなく、鉛色のぼんやりとした光を放つ天体です。そのことから冷たい性質があると信じられており、木星と対をなす存在と考えられています。英語ではサターンと呼ばれていますが、これはローマの農耕の神様の名前からとられています。悪魔を表すサタンと日本語の発音は似ていますが、スペルも語源も異なる全く別の単語です。土星はネガティブな意味を持つ凶星の一つではありますが、悪魔というほど酷い意味を持っているわけではありません。

土星は昔から認知されていた天体の中では地球から最も遠くにあります。そのため古代の人は、宇宙の果てにある恐ろしい天体と考えていました。不吉な出来事のうちで、他の天体で説明がつかないことはすべて土星の影響だと見なしたのです。それ故に伝統的な占星術では、土星が大凶星とされています。

しかし、天体観測の発達によって天王星や冥王星が発見されると、これまで土星が引き起こすと考えられていたことの一部が、実は土星より遠い別の天体の影響だったことがわかり、土星の凶意は次第に薄くなっていきました。

それはちょうど、悪霊のたたりで引き起こされると信じられていた病気が、科学の発展とともに細菌やウィルス、遺伝子などによって引き起こされていることがわかったのと似ています。ただし、現代でも凶星であることは変わりません。土星とアスペクトを持っている天体は、その働きが弱くなると考えられています。

自由になりたいと願いながらも、何かしらの制限を受けて好きに進むことができない状況の裏には、土星の影響があるかもしれません。厳しい家庭に育ったお嬢様が、ハーモニカを片手に気ままに暮らす不良少年に恋い焦がれて周囲に反対されているとすれば、それは土星が与えた影響の可能性があります。

試験勉強のように、努力が必要な分野を占う際には、土星の影響がプラスに働くこともあります。知性の星である水星に土星がよいアスペクトを作っている場合は、努力によって知性を獲得することができる才能があると読み取ることができます。逆に言えば、努力しなければ知性が発揮されない人生であるということもできます。

ホロスコープで土星の働きが強い人は、真面目で努力型の人物であることが想定されます。質素で倹約家なイメージです。反対に土星の働きがいまひとつ弱い人は、努力の価値を不当に低く評価して、ひたむきに頑張ることよりも一発逆転を重視する人柄になるかもしれません。

土星
Saturn

ポイント

- 基本的に悪い意味を持つ天体
- 努力や制限などを支配している
- 努力が必要な場面ではプラスに働く場合もある

キーワード

制限・支配・縮小・倹約・質素・保護・時間・責任
義務・老人・農耕具・寒さ・苦痛・言論統制

記号とその意味

♄

木星と同様に、地球を除く太陽系の第5惑星として知られていたことから、数字の5をアレンジして記号にしたと言われています。

実占でのチェックポイント

他の天体に与える影響

特に個人天体にアスペクトを通じて与えている影響を検討することが重要です。土星によって働きが弱くなっている天体は、その人物のウィークポイントである可能性があります。

ハウス状況

土星が滞在しているハウスは、一生懸命に頑張らなければ成果が上がりにくいなどの問題が発生する場合があります。

星空の変わり者

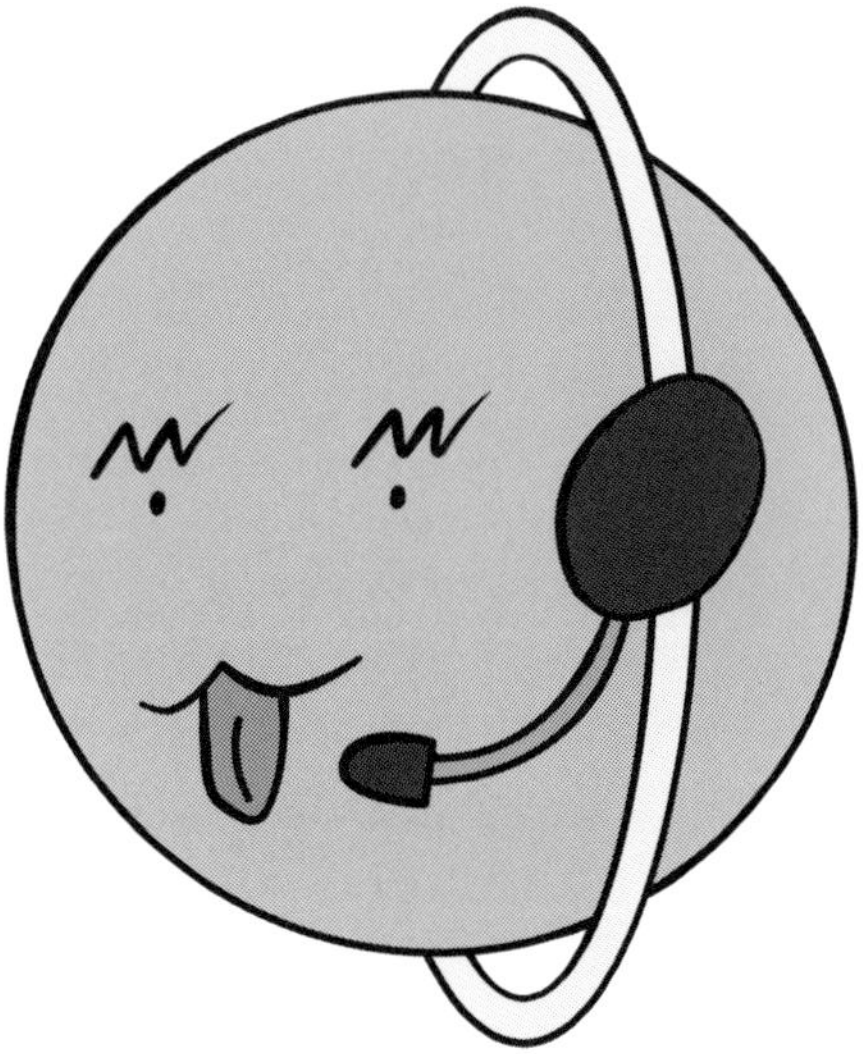

吉凶の区分	凶
1日に動く度数	0.05／−0.4
1周にかかる時間	83年
サイン滞在日数	7年弱
逆行期間	151日(217日間隔)
年齢域	70〜84歳
支配するサイン	水瓶座

天王星
Uranus

重要度：★★★

天王星の特徴は、一言で言うと変わり者です。自転軸がめちゃくちゃに傾いているせいで、天王星の南極と北極にあたる場所では、昼と夜がそれぞれ42年ずつ続きます。天王星にはリングがあるのですが、これも普通の惑星のイメージとは異なり、縦向きについています。

天王星の主な意味は、混沌と改革です。天王星の発見自体が、長く続いた太陽から土星までの七大天体による占星術の終焉と新たな占星術をもたらす革命的な出来事でした。そして、天王星が発見されたのは、アメリカ独立戦争やフランス革命が起こった混沌の時代です。天王星のイメージはまさにこのような大きな変化なのです。それが良いことにせよ悪いことにせよ、これまでの生活様式を変えるような変化というのが、天王星の支配する分野です。

この他にも、天王星は「高次元の水星」という意味を持っています。これはさっぱりわからないと思います。平たくいえば、水星が持つ知性やコミュニケーションというものについて、昔の人が想像し得なかった部分を司っているのが天王星だといえます。

水星の知性は、人間の脳や口など、肉体から生み出される一個人の能力です。それに対して天王星が支配しているのは、パソコンやインターネットなど、肉体を超越したところにある、常人が正確に把握しきれないレベルの知性です。すでに人類が発明した情報手段だけでなく、これから発明される技術や、全く未知のコミュニケーション、あるいは宇宙が持っている全能的な知性や、大宇宙の英知のようなものも、天王星の支配下にあります。

実際に占いの現場では、天王星が個人天体、特に水星に対してよい影響を与えていれば、自由で革新的な分野での活躍が期待できます。イノベーションやソリューションなどのカタカナビジネス用語が好きなのは天王星の影響です。

ホロスコープの中で天王星が良い状態にあれば、創意工夫を楽しみ、人類に新しい価値を生み出す人物になるでしょう。反対に天王星の状態が悪ければ、反抗的で不安定なマッドサイエンティストのような人物になるかもしれません。おしゃれな町のきれいなカフェのテラス席で、最新のパソコンを片手に仕事をしたくなるのも天王星の影響です。

なお、天王星以降の天体は非常に動きが遅く、一つのサインに年単位の時間とどまります。それ故に、これらの天体がどのサインにいるかによって個人の性格が変わることは、ほとんどありません。その代わり、天王星のサイン状況は、世代の特徴を捉えるために活用されることがあります。

天王星
Uranus

ポイント

- 大きな変化を司る天体
- 人間の肉体を超えた大きな知性を示す
- 最新のテクノロジーなどと関係する

キーワード

カオス・変化・革命・激震・独創性・発明家・天才
反骨・テクノロジー・進歩・コンピューター・科学

記号とその意味

♅

天王星の発見者である「ウィリアム・ハーシェル」のイニシャルであるHを図像化したもの。太陽と火星を合わせた別の記号を使う場合もあります。

実占でのチェックポイント

アスペクトの状況

天王星とアスペクトをとっている天体は、混沌とした場面で力を発揮することがあります。また、革命的な活躍の仕方をする場合もあるでしょう。

ハウス状況

どのような分野で革命的な行動をとる人物かがわかります。天王星が仕事や恋愛などの重要な場面で活躍しているなら、他人の自由を尊重して、人々が平等に暮らせる社会を目指す人物であるといえるでしょう。

幻惑する魔術師

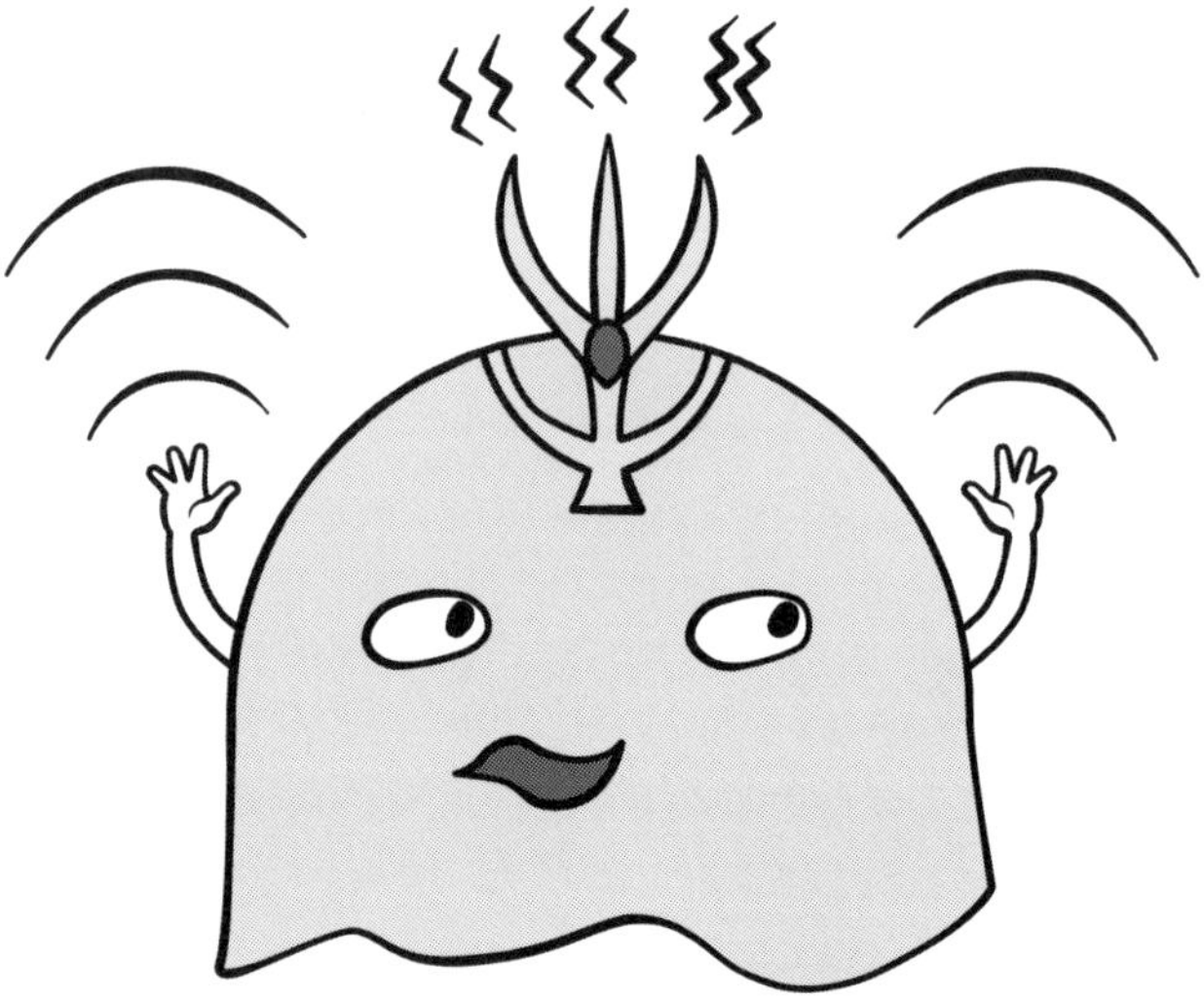

吉凶の区分	凶
1日に動く度数	0.04／−0.03
1周にかかる時間	163年
サイン滞在日数	13.5年
逆行期間	158日(209日間隔)
年齢域	84〜99歳
支配するサイン	魚座

海王星
Neptune

重要度：★★★

海王星は、夢や妄想、そして幻惑などの曖昧模糊としたものを司っています。夢を見ることは、人間にとって毒にも薬にもなります。正しい夢を見て、そこに向かってしっかり努力をすることで人は成果を上げることができます。しかし、よくない妄想にとりつかれて自堕落な生活を送ってしまえば身を持ち崩してしまうこともあるでしょう。

ホロスコープにおいて海王星の働きが強い人は、夢見がちな人生を送ることになります。現実的で安定した物事よりも、心にときめきとロマンを感じるものを優先し、不安定な世界に喜んで飛び込みたい願望が強くなります。ギャンブラー気質があるといってもいいかもしれません。反対に海王星の働きが弱い人は、夢を拒絶するなど、質実剛健な人生を歩みがちです。

海王星と良いアスペクトを持っている天体や、海王星が滞在しているハウスを上手に活用することで、夢のある楽しい人生を過ごすことができます。しかし、海王星が悪く作用している場合は、身にならない夢を追いかけて骨折り損のくたびれ儲けになってしまいます。

金星に対して影響を与える海王星は、最もわかりやすい例といえます。強力な力を持った海王星が金星に悪い影響を与えているなら、ろくでもない人に恋をして遊ばれたあげくに、金銭まで取られるような悲惨な目に遭うことがあるかもしれません。反対に良い影響であれば、夢のようなロマンチックな恋愛を経験することができるでしょう。

海王星が見せるものは、実態のつかみにくい不確実な世界の出来事です。ある意味では、宇宙が人間に見せる妄想劇場のようなものかもしれません。これを正しく使いこなすのは簡単なことではありません。

天王星が高次元の水星であったように、海王星は「高次元の金星」としての役割を果たすこともあります。人間同士の生身の愛情の範囲を超えて、神との関係性を求める宗教は海王星が支配するテーマです。芸術についていえば、一人の人間の創作物の範囲を超えた、大規模な映画やテーマパークが海王星の支配するものです。

職業選択の占いにおいても影響を与える場合があります。水星や太陽と良好なアスペクトを形成し、海王星そのものの状態も良ければ、芸術や芸能分野、もしくはスピリチュアルの世界で活躍することができるかもしれません。関わる人をファンにして崇拝される人物になるには、海王星の効果を活用するのがよいでしょう。

海王星
Neptune

ポイント

- 曖昧なものを司る天体
- どんな夢を見るかを理解する際に参照
- 宗教を支配する天体でもある

キーワード

妄想・曖昧・幻惑・だまし討ち・夢中・ロマンチック
音楽・魅惑・お酒・依存・秘密・嗜好品・テレパシー

記号とその意味

海の神であるネプチューンが持っている三叉の槍の形をモチーフにしています。

実占でのチェックポイント

アスペクトの状況

海王星とアスペクトを持っている天体は、良くも悪くも夢を見せられることになります。海王星が多くの天体にアスペクトを与えているなら、夢見がちな人物である可能性があります。

ハウス状況

どんな分野で夢を見る人物なのか、何に熱中して時間を忘れるのかなどを参照することができます。

最果ての番人

吉凶の区分	凶
1日に動く度数	0.03／−0.2
1周にかかる時間	244年
サイン滞在日数	20年
逆行期間	162日(204日間隔)
年齢域	99歳〜死後
支配するサイン	蠍座

冥王星

Pluto

重要度：★★★

十大天体の最後の一つは、冥界の王であるプルートーの名前を冠した冥王星です。その名の通り、不吉なことを表す天体です。

土星を説明する際に、かつては太陽から最も遠いところにある土星が不吉なこと全般を引き受けていたとお伝えしました。現在では、占星術で扱う天体の中で最も太陽から遠い冥王星がこの役割を継承し、人間がコントロールできない死の世界などを司っています。

冥王星が扱う主なテーマは、破壊と再生、生と死などといった極限の事柄です。良い意味がない大凶星ですが、地球からの距離も遠く、移動速度も非常に遅い天体であるため、ホロスコープにおける存在感は決して強くありません。冥王星が強烈な影響を与えているからといって早く死ぬこともありませんし、物を壊して回る暴れ者にもなりません。

実占において冥王星を参照する機会は多くありません。しかし、個人天体とのアスペクトがある場合には、注目に値する影響が出ることもあるでしょう。冥王星と強力なアスペクトを持つ天体は、ホロスコープの持ち主の意思を超えた活躍をすることがあります。冥王星は人知の及ばない極限のことを管轄しているからです。

例えば、金星に対して冥王星がよい角度を作り、そのいずれかが結婚の領域である第7ハウスにあれば、想像を絶する相手との結婚を暗示しているかもしれません。冥王星が絡んでいる天体やハウスを鑑定するときには、常識的な価値判断に縛られすぎず、大きな物語を想像するとよいでしょう。先入観を排して、想像力を働かせながら解読する必要があります。

また、冥王星には「高次元の火星」という役割もあります。火星は軍神マルスの星で、戦闘と関連があると伝えました。冥王星にもそのような役割があり、肉体による格闘を超越した、爆発を伴うような激戦や核兵器も冥王星の支配するところです。核の原料であるプルトニウムも、冥王星のプルートーと同一の語源を持っています。もっとも、現代の占星術師が核兵器のことを占うような需要はありませんが、このような人類のキャパシティを超えたものを支配しているのが冥王星なのです。

なお、天文学の世界では、冥王星が惑星から準惑星に格下げになりました。しかし、占星術の世界では、このことによる影響は特になく、冥王星を十大天体から外すという主張はあまりありません。そもそも占星術における天体の扱いは平等ではないので、あまり関係がないのです。

冥王星
Pluto

ポイント

- 極限のものを司る天体
- 良くも悪くも、人知を超えたスケールをもたらす
- 大凶星ではあるが存在は地味

キーワード

破壊と再生・復活・タブー・破滅・巨大なもの
地下組織・死・爆発・濫用・死神・万物の流転

記号とその意味

PとLを組み合わせた記号です。もう一つの記号は、精神を示す円が、魂を示す三日月を経過して、実質を示す十時につながる様を象徴しています。

実占でのチェックポイント

アスペクトの状況

あまり重要視することはありませんが、強力なアスペクトが生じている場合は、その天体の働きが大げさになる場合があるでしょう。

ハウス状況

どんな分野で極限を超えた活動をすることができるかを占います。

カルマの交点

ドラゴンヘッド／テール

Dragon's head / tail

吉凶の区分	ヘッドが吉 テールが凶
1日に動く度数	−0.008／0.01
1周にかかる時間	19年
サイン滞在日数	578日
逆行期間	逆行が基本
年齢域	
支配するサイン	

重要度：★★☆

ドラゴンヘッドとドラゴンテールという、2つで一組の天体は、十大天体ではありませんが、しばしば参照されるので覚えておいても損はないでしょう。これらは、カルマを読み取る天体と呼ばれ、西洋占星術の兄弟の占いである、インド占星術では非常に重要視されています

ドラゴンヘッドは、別名をノースノードといい、その人物の生きる目的や人生で果たすべき目標を示しています。こちらは基本的によい意味を持つものと解釈されています。

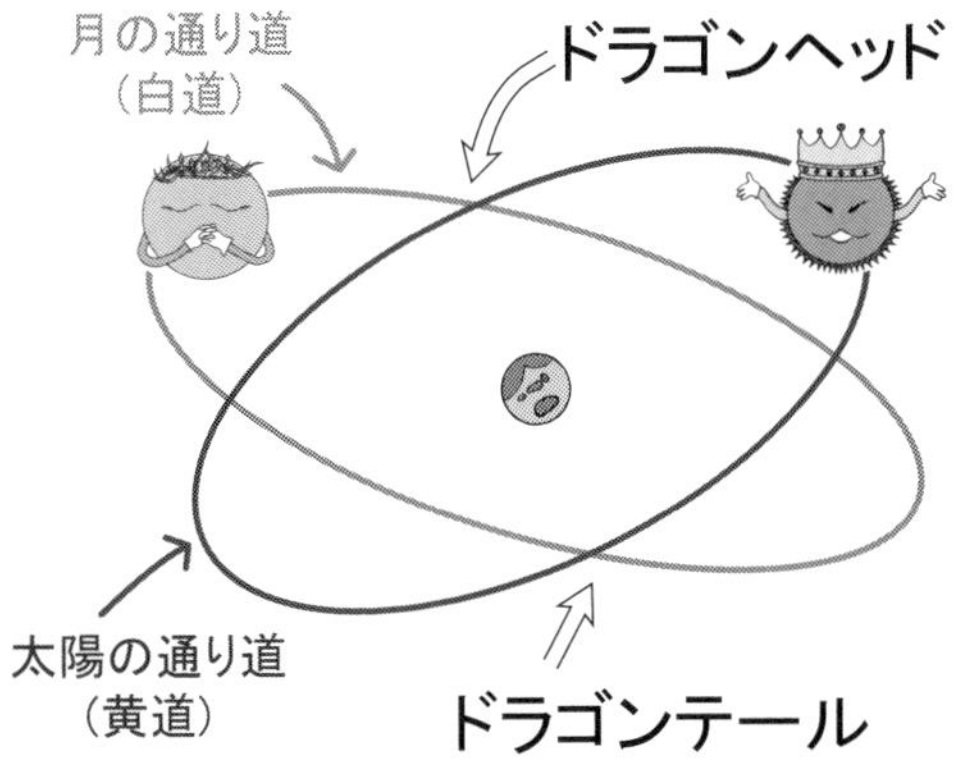

ドラゴンテールは、別名をサウスノードといい、過去の出来事や心の底に蓄積しているものを示しているとされています。どちらかといえば、過去からのしがらみなどのネガティブなものを読み取ることがありますが、体にしみこんだ天性の才能を示すこともあります。

この2つは、対になっていて、2つをまとめてノードと呼ぶこともあります。ノードは常に180度の距離を保ち、ホロスコープの反対側に位置しています。これは、ノードが実際に存在する星ではなく、太陽の通り道である黄道と、月の

通り道である白道に関係する仮想のポイントだからです。

月と太陽の通り道の楕円は、同じ平面上にはありませんが、地球上から見ると2カ所で重なっています。これらの交点がノードです。図を見ていただけるとイメージしやすいかもしれませんが、太陽と月がいずれかのノードの位置にぴったり重なると、太陽が月の陰に隠れて日蝕が発生します。そして、テールとヘッドのそれぞれに月と太陽が位置すると、月に地球の影が落ちて月蝕が発生します。ノードを表示したホロスコープでは、蝕が起こっているかどうかもわかるのです。

ノードは、他の天体と異なり、「逆行の方向」に進むのが基本です。ときおり進行方向が変わることもありますが、ノードの逆行を解釈に加えることはありません。そもそも、移動速度は木星以上に遅いため、サインの状態で個人の性格を把握することもほとんどありません。アスペクトによる影響を考慮するのがメインと考えてよいでしょう。

ドラゴンヘッド
Dragon's head

ポイント

- 現世で生きる目的

キーワード

運命・努力するべきこと・助けてくれる人・成長

ドラゴンテール
Dragon's tail

ポイント

- 過去世からの影響

キーワード

カルマ・天から与えられた才能・こだわっている過去

記号とその意味

☊

ドラゴンヘッドは竜の頭を示す図です。テールの場合は上下反転した記号を使います。

実占でのチェックポイント

アスペクトの状況

個人天体とのアスペクトがあった場合、個人天体の働きをカルマが補佐して「前世からの因縁で物事がうまくいく」という解釈します。また、ドラゴンヘッドは手に届く範囲の友人を暗示している場合もあります。

その他小惑星

Other Asteroids

重要度：★☆☆

セレス

1日に動く度数	0.4／−0.2
1周にかかる時間	4年半

パラス

1日に動く度数	0.3／−0.2
1周にかかる時間	4年半

ジュノー

1日に動く度数	0.4／−0.2
1周にかかる時間	4年半

ヴェスタ

1日に動く度数	0.4／−0.3
1周にかかる時間	3年半

キロン

1日に動く度数	0.6／−0.4
1周にかかる時間	49年

天体観測の技術が発展すると、太陽系には無数の小さな天体があることがわかりました。これを小惑星と呼びます。特に、火星と木星の間にはたくさんの小惑星が存在するアステロイドベルトというものがあります。そこには、未発見のものも含めて、数百万の小惑星があると予測されています。

名前がつけられているものだけでも12000個にのぼり、中には「タコヤキ」など、ユニークな名前がつけられているものもあります。

とてもすべてを理解することはできませんが、占星術的な解釈が確立している小惑星も存在しますので、代表的なものを紹介します。

セレス

セレスは植物を育てる力を司る天体です。特に穀物の育成と関わりが深いと考えられています。プランターで育てる小さな花というよりは、アメリカ中部の穀倉地帯における大規模農業のような、大きな栽培との関連をイメージするのが正確です。

また、植物の育成から派生して、尽きることのない母性を暗示する天体とされることもあり、セレスと妊娠の関連性を研究する占星術師もいます。

パラス

パラスは、恋愛に関連付けられる小惑星で、金星を読み取る際に補助的な使い方をすることがあります。人が内面に持っている、「男性性」と「女性性」を融合させてバランスをとる役割があるといわれています。

ジュノー

ジュノーは、結婚とそれに伴う権利を表しています。特に、配偶者や本命の恋人としての権利を司っています。

ベスタ

ベスタはかまどの炎を象徴する天体で、家庭生活を司っています。ジュノーが示す権利と対をなし、家庭における義務を表すともいわれています。

キロン

１９７７年に発見されたばかりの新しい天体です。小惑星の中では非常にゆっくり移動し、ホロスコープを1周するのに49年もかかります。そのため、サインの読解をすることはあまりありません。キロンが司っているのは、治療する手です。人の病気を治癒する医学や、心を癒すヒーリング、そして占星術などを司っています。

セレス
Ceres

⚳

キーワード

植物を育てる・大規模農業・育成・出産
母性・あふれ出る愛情・地下水

パラス
Pallas

⚴

キーワード

愛情・調和・強調・相反するもの
正義と平和・工芸

ジュノー
Juno

⚵

キーワード

結婚・権利・主張・本命の恋人や配偶者の
権利・夫婦愛・愛情のある生活

ベスタ
Vesta

⚶

キーワード

家庭・家の中での出来事・家事
配偶者としての義務

キロン
Chiron

⚷

キーワード

傷を癒す・ヒーリング・ニューエイジ哲学
医学・安らぎ

第１章の振り返りテスト

問題1

天体の中でその人物の性格を一番表しているのは?

（　　　　　　　　）

問題2

拡大と発展という意味を持つラッキースターは?

（　　　　　　　　）

問題3

衝動性やエネルギーを司る天体は?

（　　　　　　　　）

問題4

十大天体で最も移動速度が速いのは?

（　　　　　　　　）

問題5

火星までの天体を総称して何という?

（　　　　　　　　）

問題6

十大天体で最も悪い意味を持っている天体は?

（　　　　　　　　）

問題7

主に恋愛に関する傾向を示している天体は?

（　　　　　　　　）

第2章

サイン

専用の学習ページでは…

登録した生年月日を元に、すべての天体の位置を自動計算し、各サインに誰のどの天体が滞在しているかを一覧することができます。各サインの特徴を学ぶ際に、知人の性格をイメージすることで、わかりやすく学習できます。

サインについて

今回からいよいよ、天体の状態を分析するための三大要素の筆頭である、サインを解説します。本章は、理解するべきことが多く、大変重要な章ですので、解説の序文が少し長くなりますが、是非ともしっかり理解してください。

サインの役割

重要度：★★★

サインは、天体の現在地を示す住所であるだけでなく、滞在している天体の働きに強力な影響を与えます。各サインには、それぞれ強烈な個性があり、サイン内に滞在する天体を自分色に染めてしまうのです。

特に個人天体が滞在しているサインは、人物の特徴を理解する重要なキーです。具体的には次のようなことがわかります。

・人物の全体的な雰囲気（太陽）
・本人が思っている性格や求めているもの（月）

・話し方や思考のスタイル（水星）
・恋愛に求めるもの（金星）
・トラブルへの対処や、自己主張の仕方（火星）

これら5つの個人天体が滞在しているサインだけでも、実に2万5920ものパターンが存在します。まずはこれを理解するだけでも、かなりの占いができると考えてよいでしょう。

サインの意味の由来

重要度：★★★

サインが持っている個性は、様々な由来で決まっています。サインの意味の由来を決定付ける要素としては、次の3種類が代表的です。

・サインを支配している天体
・星座にまつわる神話
・サインのモットーと呼ばれる英文

すべてのサインには、そのオーナーというべき支配天体（ルーラー）というものが存在しています。サインを支配している天体の個性によって、根本的な意味が決まっています。支配天体（ルーラー）は、基本的には1つなのですが、天王星などの天体が後で発見された関係で、一部のサインは2つの天体によって支配されています。

サインの意味は、支配天体の影響を受ける他にも、星座の元になる神話に由来するものもあります。そのようなサインについては、ニュアンスを理解する助けになるように神話も紹介します。

また、各サインの意味を、最も端的にわかりやすく理解するためのキャッチフレーズも存在しています。それは「星座のモットー」（各星座の座右の銘）と呼ばれているものです。英語のシンプルな文で、サインの雰囲気を生き生きと伝えてくれますので、是非とも覚えてください。

サインと星座の違い

重要度：★★☆

序章で、実際の星座と占星術のサインは、厳密には異なるものであると説明しました。これは、計算の利便性を向上させるための工夫がなされているためです。細かな理論を覚える必要はありませんが、参考までに解説します。

そもそも、実在している星座は、それぞれの大きさがバラバラで、天体の位置を示す基準としては不便なところがあります。それを解決するために、すべての星座を30度ずつの大きさに統一して、全円360度をぴったり12分割することにしたのがサインです。これによって、サインが4つ離れていれば120度などと、シンプルでわかりやすく位置を理解できるようになりました。これは、後述するアスペクトを一目で理解するためにも非常に有効です。

また、12サインの1番手である牡羊座が始まる位置も、実際の星座とは異なっています。占星術で使用するサインの牡羊座は、春分点という宇宙のポイントを基準にスタートすることになっています。十二星座が誕生した紀元前2世紀頃は、実際の星座とサインはほぼ同じ位置でしたが、歳差運動と呼ばれる現象によって、長い時を隔てた今では、実際の星座と占星術のサインの位置は、大きく乖離しています。

なお、春分点とは、昼と夜の長さが同じになる日の太陽の位置です。祝日にもなっている春分の日は、実は太陽が牡羊座に入る日でもあります。同様に、夏至は蟹座、秋分は天秤座、冬至は山羊座に太陽が入る瞬間を指しています。占星術と日常生活は意外なところでつながっているのです。

サインの度数

サインには度数という概念があります。各サインは、全円360度を12等分した、30度ずつのエリアであると説明しました。そのサインの中で、どの位置にあるのかを数字で示すことで、より正確な天体の位置を表現します。

度数の表示方法

重要度：★★★

具体的には、0から29までの度数と、端数を示す分《ふん》によって位置を表します。分とは、1度を60等分したもので、時間の単位の分と同じ概念です。

1日の終わりである23時59分の次が、翌日の0時0分であるのと似ています。1日は24時間ですが、サインは30度までありますので、牡羊座の最後の度数は29度59分で、その次は牡牛座の0度0分となります。なお、牡羊座の0度0分の手前は、魚座の29度59分です。

これらの度数は、天体同士の距離を確認する上で非常に役立ちます。後にアスペクトの学習ではこれが重要になるので、後でしっかり振り返ってください。

サインの中での度数による意味の違い

重要度：★★☆

そして、各サインの意味合いは、エリア内一律というわけではなく、度数によって若干の違いがあります。

具体的には、各サインの始まりの部分である0～2度は幼い度数と呼ばれ、天体の活動が不器用になりがちです。特に0度は赤ちゃんの度数と呼ばれ、稚拙さが目立つかもしれません。27～29度は老いた度数といいます。サインの持っている意味を使いこなす能力が高くなりますが、物事を複雑に考えすぎる傾向も出てきてしまいます。29度は特に、涙の度数と呼ばれ、サインの持っている悲しい意味が表面化しやすいとされています。

なお、15度付近ではそのサインの効果がバランスよく発揮されます。

重要度：★★★

牡羊座

Aries

ルーラー（支配天体）	火星
モットー	I am
誕生日	3月21日～4月19日

十二星座の最初の一つは牡羊座です。最初の星座であるということが、すでにこの星座を読み解くヒントになっています。牡羊座の特徴を一言で説明するならスピード感と純粋さです。日本語では猪突猛進という言葉がありますが、この言葉で言うイノシシのイメージが、占星術のヒツジのイメージです。か弱き子羊のイメージではありません。

支配天体の影響

牡羊座は、火星の支配下に置かれているサインです。火星はご存じの通り、英雄の星であり、衝動的なものと関連しています。牡羊座に滞在する天体はこの影響を受けて、積極的でパワフルな働き方をするようになります。慎重で堅実な行動ではなく、感情に従ってストレートに行動することが、牡羊座によって与えられる特徴です。

例えば、金星が牡羊座にあれば、一目惚れをして、一直線に恋にのめり込むような人物になるでしょう。一途でスピード感のある恋愛は、牡羊座の金星が与える特徴です。

水星が牡羊座にあれば、回りくどく面倒なことを考えるよりも、実際に手足を動かしながら考えるタイプの思考を持つことになります。ときには、相手の意見を聞かずに自分の考えを押しつけてしまうこともあるでしょう。

モットー

牡羊座のモットーとされる英文はI amです。自分が自分であることを大切にするというニュアンスです。そして、自分がそこにいることを叫ぶ自己主張の強さも牡羊座がもたらす特徴です。牡羊座に滞在している天体は、他人から見た人物評価に直結するような、個人の目立つ個性を象徴します。

太陽が牡羊座の人物は、目の前の目標に向かってひた走る人物で、集団の中で目立つヒーローになりやすい傾向があります。良くも悪くもシンプルな考えを持っていて、すべての挑戦が勝利につながる一本道であることを信じています。一等賞のご褒美がなくても、とりあえず一位になりたいと考え、ライバルと競い合うのが牡羊座イズムです。

高い突破力を持っていることは、牡羊座の最大の持ち味です。難しい問題を乗り越える力強いパワーが宿ったサインといえるでしょう。

火星が牡羊座にあるなら、直球勝負の素早い決着を好みます。たとえ勝ち筋が見えていなくても、全力で敵に突っ込む英雄の気質を持っています。考えるよりも先に体が動いて人助けをすることもあるでしょう。

最大の欠点といえるのは、根気に乏しいことです。例えば、月が牡羊座にあるなら、想像していたのとは違う壁に直面した瞬間に、あっさりリタイアしてしまうことがあります。たとえうまくいっていることであっても、飽きたというだけの理由で手放してしまうこともあるかもしれません。

牡羊座で読み解く仕事

仕事について鑑定する際には、突破力や主張の強さに注目するとよいでしょう。水星が牡羊座にあるなら、難しい問題を次々に解決する能力が優れています。ルーティンワークを安定的にこなす仕事ではなく、いろいろな問題に対応する仕事が適職といえるでしょう。太陽が牡羊座にあるなら、ライバルと競い合える環境にあってこそ、社会的な運気が開けていきます。戦いの中で成長する、少年漫画の主人公のようなサインです。

牡羊座のキーワード

性質を示すキーワード

好き	激しい・早い・強い・かっこいい・闘争
嫌い	安定・単調・パズル・ねちっこい
長所	元気・怖い物知らず・場を明るくする
短所	早とちり・英雄気取り・衝動的
魅力	開拓者精神・スポーティ・爽やか
欲望	勝ちたい・支配したい・褒められたい

関係性別のよくある問題点

親子	子供と同じ目線で競う・心や痛みに鈍感
上司	ワンマン・気まぐれ・面倒見が悪い
友人	振り回す・プライドが高い
恋人	素直になれない・熱しやすく冷めやすい

関連するもの

事物	刺激物・挑戦・スポーツ・ギャンブル
身体	頭・顔
職業	積極性が求められる仕事・起業家・戦士

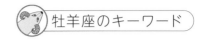

個人天体に与える影響

太陽	パワフルで行動的。新進気鋭。熱しやすく冷めやすい。
月	「自分」を手に入れるために一生懸命になる。
水星	シンプルな真理を見抜く直感力。根回しより直球。
金星	惚れっぽく一途。燃えさかる愛を貫く。時に一目惚れ。
火星	勝ち負けにこだわる。プライドが高く好戦的な一面も。

ノート

誰のどの天体が牡羊座にあるかを調べて、
身近な人が受けている牡羊座の影響をまとめてみよう！

（　　　　　　）の（　　　　　　）が牡羊座

影響の実例

▶

（　　　　　　）の（　　　　　　）が牡羊座

影響の実例

▶

（　　　　　　）の（　　　　　　）が牡羊座

影響の実例

▶

重要度：★★★

牡牛座
Taurus

ルーラー（支配天体）	金星
モットー	I have
誕生日	4月20日〜5月20日

牛という動物には、様々なイメージがあります。のんびりマイペースに草を食む牧場の牛や、闘牛士と激闘を繰り広げる勇ましい猛牛など、様々な切り口で想像されます。

占星術に登場する牡牛座の牛は、美しい娘を口説くために、ゼウスが化けた雪のように美しい白い牛が星になった姿とされています。女性を口説くために牛に変身した神の御心は計り知れません。しかし、神様の化身なのですから、粗野な牛ではありませんし、ましてや食料になるために肥育されている家畜のイメージでないことは確かです。

太陽が牡牛座にある人は、そこはかとなく上品な雰囲気を身にまとっています。振る舞いは優雅で、本人の経済状況にかかわらず、余裕を感じさせる品性があります。コツコツと努力を重ねる実直な人物で、多くの人からの信用を集めるでしょう。

支配天体の影響

牡牛座を支配している天体は金星です。愛と美の天体の影響は、牡牛座の性質に大きな影響を与えています。もしも金星が牡牛座にあるなら、金星本来のパワーが遺憾なく発揮されて、愛と美に囲まれた人生を送ることができるでしょう。自分が誰かを深く愛するだけでなく、愛嬌のある、「愛され上手」な一面も発揮されます。性別や年齢の垣根を越えて、多くの人からかわいがられる能力が与えられるのです。

金星が与える美的センスの影響で、美しいものを愛する傾向が強いのも牡牛座の特徴です。特に月が牡牛座にあると、美しいものに対する飽くなき探究心が現れます。美しいものに囲まれていることで安心し、美食を堪能して幸せを感じるでしょう。ただし、奇抜な美しさではなく、保守的な美を求める傾向があるのも特徴です。良くも悪くも非常にマイペースで、火事になってもお気に入りの靴を履いて逃げるような優雅さが特徴です。

モットー

牡牛座のモットーはI haveです。これは愛情などの気持ちも含めて、様々なものを自分の所有物にしたいという欲望を示しています。芸術的に価値があるものへの所有欲はもちろん、様々な実利のあるもの、不労所得などに対する興味があります。穏やかで上品な牡牛座ですが、所有に関することだけは少し前のめりです。

特に水星が牡牛座にあるなら、損得勘定がシビアになります。牡牛座の持つ上品さは残っていますが、実利の伴わないことを認めず、自分にプラスになることを的確に見極めます。コミュニケーションにおいては、ゆっくりマイペースに話しますが、芯は強く、簡単に意見は曲げません。

牡牛座で読み解く仕事

火星が牡牛座にある場合は、温厚な雰囲気ではありますが頑固です。主張をなかなか曲げず、粘り強い自己主張をします。

仕事に関する占いでは、着眼点がたくさんあります。水星が牡牛座にある場合は、実利主義で実直な部分がありますので、ビジネス全般で才能を発揮することができます。人からの信頼を得やすいので、金融業や官公庁での仕事にも適性があります。太陽が牡牛座にあるなら、権利収入の獲得を目指す仕事に幸運の鍵があるでしょう。また、農地をはじめとする土地との関わりがある仕事、あるいは料理人や料理研究家など、グルメに関する仕事とも関連性があるとされています。

牡牛座のキーワード

性質を示すキーワード

好き	安定・保守・所有・優雅・美食・美術
嫌い	粗野・せっかち・浪費・挑戦・移動
長所	上品・誠実さ・勤勉さ・やり遂げる力
短所	異なる価値観への抵抗・独占欲
魅力	優美な美しさ・信頼できる品性
欲望	名品が欲しい・愛されたい・落ち着きたい

関係性別のよくある問題点

親子	子供の挑戦に否定的・型にはめる傾向
上司	保守的・アイディアを受け入れない・ケチ
友人	マイペース・自分の世界を曲げない
恋人	愛情を求めすぎる・嫉妬心が強い

関連するもの

事物	美術品・花・豪華なもの・美食
身体	のど・首・甲状腺
職業	シェフ・農業・歌手・不動産・美術商

個人天体に与える影響

太陽	上品で保守的な現実主義者。優雅でグルメな一面も。
月	マイペースで飾らない古風な美意識。
水星	実利重視の役立つ知識コレクター。
金星	愛し愛される生活が充実。優雅な美意識。
火星	粘り強く耐え抜き、慎重に主張する。

ノート

誰のどの天体が牡牛座にあるかを調べて、
身近な人が受けている牡牛座の影響をまとめてみよう！

（　　　　　　　　　）の（　　　　　　　　　）が牡牛座

影響の実例

▶

（　　　　　　　　　）の（　　　　　　　　　）が牡牛座

影響の実例

▶

（　　　　　　　　　）の（　　　　　　　　　）が牡牛座

影響の実例

▶

重要度： ★★★

双子座

Gemini

ルーラー（支配天体）	水星
モットー	I think
誕生日	5月21日〜6月21日

支配天体の影響

双子座は、水星によって支配されているサインです。水星が意味する知性とコミュニケーションこそが、双子座を読み解くための最重要なキーワードといえます。

太陽が双子座にあれば、知的な雰囲気をまとった人物になるでしょう。知的好奇心が強く、様々なことを知りたい、学びたいという願望が強くなります。その代わり、一つのことに深入りすることはまれで、広く浅い興味を持ちます。これが悪い方向に発揮されると、落ち着きのない人物になるかもしれません。また、双子座の影響を強く受けている人は、往々にしておしゃべりな傾向にあります。

月が双子座にある場合は、気まぐれな傾向が特に強く表れます。気持ちの切り替えが早く、一つのことに執着しない人物になります。物事へのこだわりを捨てすぎて、自分を見失ってしまうことさえあるかもしれません。

神話の中の双子座

双子座の元になった神話は、仲良しだった双子の物語にちなんでいます。従兄弟の悪事によって兄を殺されてしまった弟が、神に頼んで2人で1つの星座にしてもらったというのが双子座の言い伝えです。このことから、双子座には、兄弟や友情などの意味もあります。

仲良し兄弟とはいえども、2人の人間が1つになった星座です。ときには、意見が食い違うこともあるのでしょう。その影響かどうかはわかりませんが、双子座には二面性、もしくは多面性という意味もあります。

変わり身が早いという表現の方がしっくり来るかもしれません。楽しくおしゃべりをして笑っていたかと思うと、急におとなしくなってしまうような変化が双子座の特徴の一つです。

これは、いきなり豹変して機嫌が悪くなったのではなく、頭の中で別のことを考え始めているのが原因です。例えば、友人と映画の話で盛り上がっている最中に、原作の小説を初めて読んだときに付き合っていた恋人が今どうしているかが気になりだして、急に無口になってしまうようなイメージです。裏表がある嫌な性格というよりは、頭の回転が速過ぎて、周囲には二面性があるように見えてしまうというのが、正しい双子座の理解といえるでしょう。

モットー

双子座のモットーはI thinkです。考えを巡らせることこそが双子座の求めているものです。もしかすると、双子座の口数が多いのは、頭の中にある考えを話すことによってまとめているという側面もあるのかもしれません。

水星が双子座にあるなら、高度な思考力と知性の持ち主です。ユーモアのセンスも優れていて、文章力・会話力ともにピカイチです。修行をすることを好まず、持って生まれた才能に溺れてしまう恐れがあるのは欠点です。

火星が双子座にあれば、危機回避能力の優れた人物になるでしょう。ケンカの際には、たくさんの言葉で自分の正当性を主張し、ときには皮肉交じりに相手を攻撃します。

双子座で読み解く仕事

職業との関連性でいえば、言葉を使う働き方全体に適性があります。水星が双子座にあるなら、情報収集能力の高さを生かして、マーケティングや広報などの仕事に就くのがよいでしょう。太陽が双子座にあるなら、一つのことを追求し続ける働き方よりも、好奇心に任せて様々なステージを行き来できるような働き方を目指すのが理想的です。

双子座のキーワード

性質を示すキーワード

好き	おしゃべり・社交・人間関係
嫌い	黙っていること・退屈
長所	多彩・マルチタスク能力・説得力
短所	落ち着かない・二面性・噂好き
魅力	クール・根に持たない・物知り
欲望	いろいろ知りたい・話したい・変わりたい

関係性別のよくある問題点

親子	大人の理論で子供を諭す・想像で叱る
上司	自分にできることは部下にも求める
友人	浮き沈みが激しい・論理的すぎる
恋人	恋を計算でこなそうとする・冷たく見える

関連するもの

事物	筆記用具・通信機器・本・遊び場
身体	胸・肺・腕
職業	情報処理・マーケティング・営業

個人天体に与える影響

太陽	知的で好奇心旺盛だが落ち着きがない人。
月	移り気な気分屋。好奇心が強く、さっぱりした性格。
水星	気の利いた会話スキルと知性的な思考回路。
金星	熱しやすく冷めやすい恋愛。駆け引き上手。
火星	自分の言葉で自己主張。皮肉屋な一面も。

ノート

誰のどの天体が双子座にあるかを調べて、
身近な人が受けている双子座の影響をまとめてみよう！

（　　　　　　　）の（　　　　　　　）が双子座

影響の実例

▶

（　　　　　　　）の（　　　　　　　）が双子座

影響の実例

▶

（　　　　　　　）の（　　　　　　　）が双子座

影響の実例

▶

重要度： ★★★

蟹座

Cancer

ルーラー（支配天体）	月
モットー	I feel
誕生日	6月22日～7月22日

蟹座は十二星座の中で、最も優しいサインとされています。カニという生き物からはあまり優しさをイメージしにくいかもしれませんが、堅い殻に守られた柔らかな心をイメージすると、占星術のカニのイメージに近づきます。

モットー

蟹座のモットーは、I feel、すなわち「私は感じる」です。感受性の豊かさこそが蟹座の武器であり、滞在する天体に、敏感さという特性を付与します。

例えば、水星が蟹座にある人物は、感情をぶつけるような思考をしがちです。論理的に考えることよりも、自分自身の感覚が捉えたものを重視して、思いの丈をぶつけようとします。情報に対するアンテナも敏感で、周囲の些細な変化も見落としません。記憶力も随一です。

人が人に優しくするには、慈悲の心だけでは足りません。相手が何に困っていて、何を求めているかを感じ取る能力が必要なのです。蟹座は、その敏感さによって、相手の求めている言葉や行動を知ることができます。それ故に蟹座が与える優しさは、人の心の傷口に深く染み入り、優しい人という印象を与えることになるのです。

蟹座に金星を持っている人は、優しさに包まれた愛情の持ち主です。海よりも深い愛で相手を大切にしますが、それは自分勝手な愛情の押しつけではありません。自分の心を満たすために思いを伝えるのではなく、相手の求めていることを理解して、相手のために捧げる愛情を貫くので、蟹座の愛情は重さを感じさせにくいという特徴があります。

支配天体の影響

蟹座を支配している天体は月です。月は自分自身の心の内側を示す天体であり、家庭内を象徴する天体でもあります。家庭的なことや安心することなど、月の持つニュアンスは蟹座にも引き継がれています。

例えば、太陽が蟹座にある人は、安定志向でリラックスできる環境を強く求める傾向にあります。危険を嗅ぎ分ける力が強く、外敵を家の中に入れないようにする警戒心が誰よりも優れています。親しい友人と軽い友達、ただの知り合いなど、何層にも渡る人間関係の区分が明確に存在するのも蟹座が与える影響です。

月が蟹座にあるなら、情緒はいよいよ敏感になります。自分を傷つけるものに対して敏感になり、気分の浮き沈みも激しくなるでしょう。自分の弱点をよく理解し、その弱点で足元をすくわれないような暮らしを必死で模索します。

火星が蟹座にある場合も、防衛力が強い人物になるでしょう。自己主張で人とケンカになることを避けるために、小さな声で柔らかく意見を言います。

　また、蟹座には、何かを育てるという意味もあります。蟹座は、古くから月とともに、母性の象徴と考えられてきました。自分より弱いものを保護し、応援してあげたくなる気持ちを持っています。これは、保護して支配することを目的としたものではなく、見返りを求めない保護欲というべきものです。

蟹座で読み解く仕事

　こうしたことから、水星が蟹座にあるなら、幼児に関する仕事や、介護などの福祉系の職業に才能を持つとされています。看護師などの医療系も向いています。太陽が蟹座にあるなら、仲間を作って助け合うような働き方をすることが重要です。

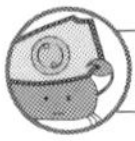

蟹座のキーワード

性質を示すキーワード

好き	守られること・思い出・安心・家
嫌い	目立つこと・争うこと・否定されること
長所	優しい・気配り上手・記憶力がある
短所	心配性・感情が暴走しがち・同情しやすい
魅力	優れた芸術的センス・しっかりしている
欲望	保護したい・育てたい・逃げたい

関係性別のよくある問題点

親子	愛情が過剰で子の自立心を認めない
上司	リスクを取ることに対して臆病すぎる
友人	仲良くなるのに時間がかかる
恋人	細かい・どこまでも入り込んでくる

関連するもの

事物	テリトリー・家族・思い出の写真
身体	胃・乳房
職業	医療関係・幼児関係・福祉関係

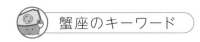

個人天体に与える影響

太陽	感情豊かで優しい人物。何かを守ることが使命。
月	情緒が豊かで繊細。自分の弱点をよく知る。
水星	感情をぶつける会話。理論よりも情緒。
金星	相手を守る代わりに、自分も守られることを求める。
火星	遠回しで慎重な主張。ときにヒステリック。

ノート

誰のどの天体が蟹座にあるかを調べて、
身近な人が受けている蟹座の影響をまとめてみよう！

（　　　　　　　）の（　　　　　　　）が蟹座

影響の実例

▶

（　　　　　　　）の（　　　　　　　）が蟹座

影響の実例

▶

（　　　　　　　）の（　　　　　　　）が蟹座

影響の実例

▶

重要度：★★★

獅子座

Leo

ルーラー（支配天体）	太陽
モットー	I will
誕生日	7月23日～8月22日

ライオンといえば、百獣の王と呼ばれる自然界の王者です。その中でも、獅子座の元になったのは、ヘラクレスと死闘を繰り広げたとされるライオンです。

獅子座は王者の風格を放つサインといえます。獅子座の影響を受けた天体は、威風堂々とした力強いエネルギーを与えられます。それもそのはずで、獅子座を支配している天体は、宇宙の王者たる太陽なのです。

獅子座は太陽のエネルギーを蓄えたサイン

北半球においては、太陽が獅子座に滞在する時期に、1年で最も暑い夏を迎えます。このことから、太陽が最大限に力を発揮するサインであると考えられています。太陽が獅子座にある人は、王者の風格を身にまとい、常に堂々とした生き方をします。どんな状況に置かれていても、そこはかとない高級感を感じさせます。

水星が獅子座にある人は、自信に満ちあふれたトークを繰り広げます。臆することなく、理路整然と自分の考えを主張することができるでしょう。良くも悪くも、自分を世の中の中心において物事を考えます。そのため、理不尽を甘受する奴隷根性を持つことはほとんどありません。

圧倒的な自信のサイン

獅子座が身にまとう高貴なオーラは、何らかの合理的な理由に裏打ちされたものではありません。社会的に成功しているとか、裕福な家に生まれたとか、人が自信を持つときにはそれ相応の理由があるのが自然です。しかし、獅子座の影響が強い人物においては、特に明確な理由がなくても、自然と自信が湧き上がってきます。

獅子座に滞在する天体の状態が総合的に良ければ、カリスマと呼ぶにふさわしい人物になるでしょう。滞在する天体が悪い方向に作用してしまった場合には、高慢であるとか高飛車であるというような評価を受けることになるかもしれません。

月が獅子座にあるなら、プライドと自己肯定感が高くなります。面倒見もよく、弱者や部下、後輩など対しては非常に優しく振る舞います。月の状態が悪ければ、自分が認められるのが当たり前であると考えて、横柄な態度をとってしまうこともあるかもしれません。

モットー

獅子座のモットーは、I willです。私は行動する意思を持つというニュアンスです。そうあるべきかどうかではなく、自分自身がそうあるべきだと思えば行動するという、力強い決意が感じられるモットーです。

火星が獅子座にあるなら、支配欲が強く発揮されます。友人や家族、恋人などを自分の意のままにコントロールしたいと考えることがあるかもしれません。思い通りにならないことが発生したときにはカッとなりやすい傾向もあります。

獅子座で読み解く仕事

仕事について占うときには、獅子座の持っているオーラや自信などを活用するのがよいでしょう。水星が獅子座にあるなら、オーラをまとったトークスキルを生かし、高額な商品を販売する営業マンとして活躍できるでしょう。他にも品格のある商品を扱う仕事全般で才能を発揮することができるはずです。太陽が獅子座にあるなら、大手企業や官公庁などの、大きな組織で堂々たる仕事をすることに宿命的な適性があります。

獅子座のキーワード

性質を示すキーワード

好き	目立つ・輝く・自慢する・褒められる
嫌い	細かな作業・笑いものになる・質素で地味
長所	堂々としている・自信がある・理路整然
短所	わがまま・独裁的・威張る・見栄を張る
魅力	カリスマ性・華やか・ブランドが似合う
欲望	目立ちたい・尊敬されたい・支配したい

関係性別のよくある問題点

親子	子供に与えた環境に見合う成果を要求
上司	独裁的・高圧的・自分が主役
友人	自己中・主導権をとる・プライドが高い
恋人	王者の振る舞い・支配的・モラハラ

関連するもの

事物	遊び心・ワイン・演劇・黄金
身体	心臓・脊柱・脾臓・背中
職業	大企業・官公庁・高級品関連の仕事

個人天体に与える影響

太陽	何事に対しても堂々とど真ん中を突き進む人生。
月	プライドが高く自信がある。面倒見がよい。
水星	自信に満ちた思考回路を持つ。
金星	ドラマチックな王道の恋愛を求める。
火星	少し横柄な自己主張。支配欲が強い。

ノート

誰のどの天体が獅子座にあるかを調べて、
身近な人が受けている獅子座の影響をまとめてみよう！

（　　　　　　　）の（　　　　　　　）が獅子座

影響の実例

▶

（　　　　　　　）の（　　　　　　　）が獅子座

影響の実例

▶

（　　　　　　　）の（　　　　　　　）が獅子座

影響の実例

▶

重要度：★★★

乙女座

Virgo

ルーラー（支配天体）	水星
モットー	I analyze
誕生日	8月22日～9月22日

水星が支配する知性のサイン

乙女座は、水星によって支配されているサインです。知性の天体である水星のサインだけあって、乙女座は非常に理知的で、論理的な性質を持っています。乙女という言葉にはメルヘンチックなイメージがありますが、占星術ではそのような意味合いはありません。どちらかといえば、そろばんを上手に使い、規則正しく計画的に働く人物のイメージです。花畑よりも、生活を支える穀物の収穫との関連が強いサインとされています。

乙女座に太陽を持っている人は、ロマンよりも機能性を重視する現実主義者です。堅実で安定的な生き方を求め、自分に与えられた義務を果たすことに生きがいを感じます。

水星が乙女座にあるならば、水星本来の理知的な働きがいよいよ強く働き、規則とデータに基づいた客観的な思考を持つことができます。美しいポエムではなく、誤解を与える可能性が低くてわかりやすい言葉で話すことを好みます。文章表現には、情熱的な言葉よりも、冷静に事実を伝える静かな言葉が並ぶはずです。

モットー

そんな乙女座のモットーとなる英文は、I analyze です。アナライズとは分析のことです。

その言葉通り、乙女座は分析が大得意なサインです。もしも火星が乙女座の影響を受けているならば、相手の欠点をピンポイントで分析して、効果的な戦い方を見極める能力を持ちます。また、自分が置かれているピンチをいち早く分析して、トラブルが本格化する前に、十分な対策をとることができるでしょう。

神話のイメージ

神話における乙女座は、全能の神ゼウスと、農業の神デーメテールの間に生まれた、心清らかな娘であるペルセフォネの物語にちなんでいます。ペルセフォネは、冥界の王に見初められて無理矢理冥界に連れ去られてしまいましたが、彼を受け入れることなく、天に昇って星になりました。

この神話から、乙女座には、受け入れがたいものを拒む潔癖さという意味が与えられています。もしも月が乙女座にあるなら、意に沿わないものを受け入れることに強いストレスを感じる人物になるでしょう。正しいと思うものだけに囲まれて、整理整頓された環境でリラックスします。それと同時に、やらなければならないものに対しては、生真面目に向き合いすぎてしまい、義務感からのストレスを感じることもあるでしょう。

金星が乙女座の影響を受けている人は、恋愛において完璧主義にはまりやすいという傾向があります。好きな人の欠点に目がつきやすく、恋愛に没頭しきれないこともあるでしょう。その反面、相手を尊敬できる場合には、愛情が強くなる傾向にあります。条件で相手を選んで関係をスタートしたとしても、その相手が本当に尊敬できる人物であるなら、相手を本気で愛することができるというのは乙女座が与える良い影響です。

乙女座で読み解く仕事

仕事について占う際には、乙女座の分析能力や事務処理能力の高さに注目すると適切な答えを導きやすいでしょう。水星が乙女座にあるなら、理知的な計算能力を生かすことができる分野での活躍に向いています。事務職全般のほか、工程管理の仕事や、情報分析の仕事で才能を発揮します。太陽が乙女座にあるなら、参謀的な立場で誰かのサポートをする仕事に向いているかもしれません。

乙女座のキーワード

性質を示すキーワード

好き	分析・研究・効率化・ルールに従う・奉仕
嫌い	柔軟な対応・強欲・混沌・手抜き
長所	何事も丁寧・きれい好き・素直
短所	こだわりすぎる・細かい・小うるさい
魅力	清潔感・良心的・常識的・実務能力
欲望	規律に従いたい・すべてを理解したい

関係性別のよくある問題点

親子	子供に期待をかけすぎる・管理しすぎる
上司	完璧主義・効率や規律を重視しすぎる
友人	細かな文句を言う・マナーにうるさい
恋人	生活のルールがかみ合わない

関連するもの

事物	計算・事務・秩序・収穫・計画・労働
身体	腸・消化器・下半身
職業	分析家・事務員・管理職

個人天体に与える影響

太陽	現実を大切にして実直に生きる使命。
月	潔癖な心で、自分の理想を追求する。
水星	論理的思考で、理路整然と話す。
金星	恋愛に対しての条件は厳しいが、誠実な愛情の持ち主。
火星	理性的に淡々と自己主張をする。ピンチに敏感。

ノート

誰のどの天体が乙女座にあるかを調べて、
身近な人が受けている乙女座の影響をまとめてみよう！

（　　　　　　　　）の（　　　　　　　　）が乙女座

影響の実例

▶

（　　　　　　　　）の（　　　　　　　　）が乙女座

影響の実例

▶

（　　　　　　　　）の（　　　　　　　　）が乙女座

影響の実例

▶

重要度：★★★

天秤座

Libra

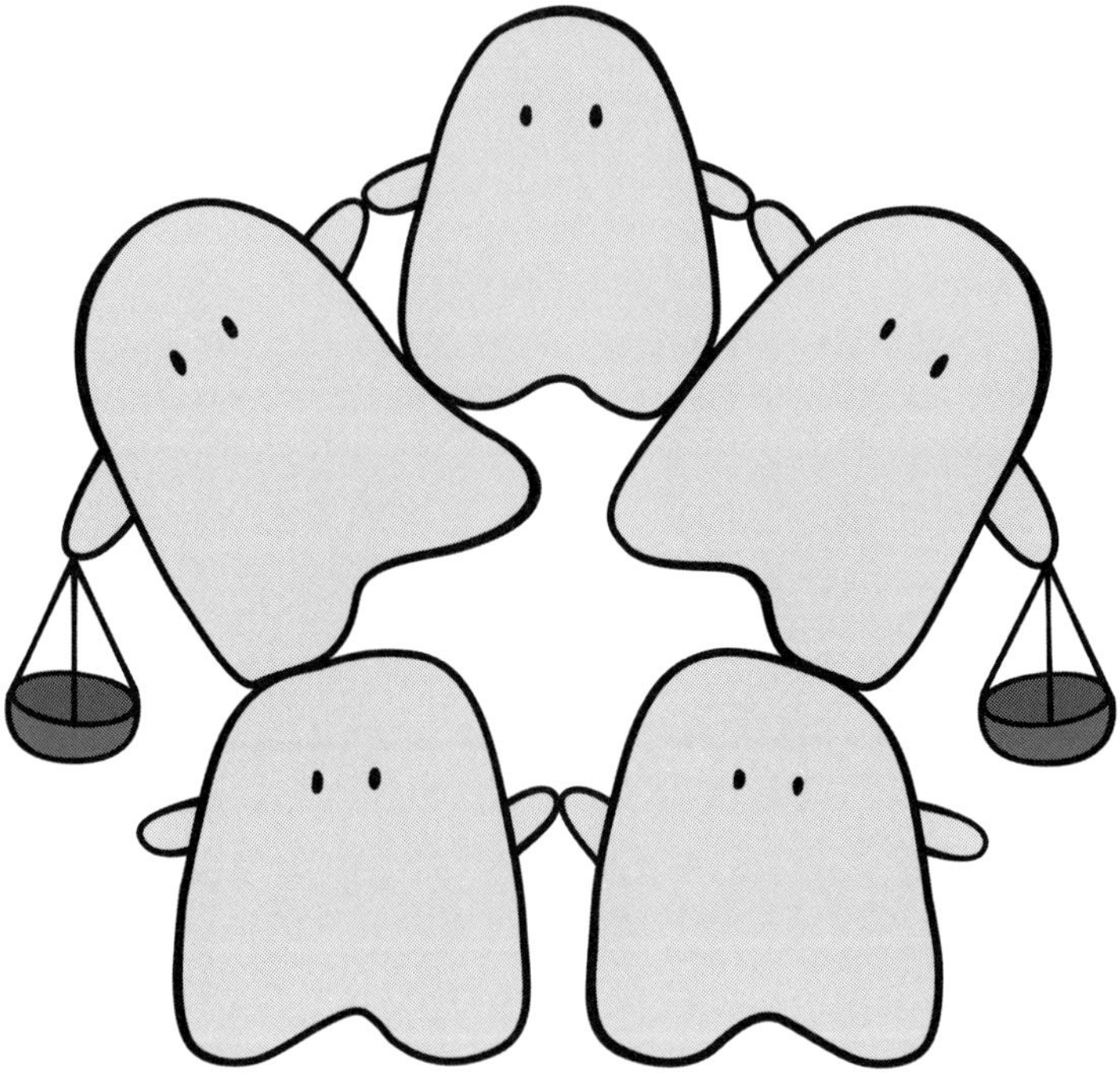

ルーラー（支配天体）	金星
モットー	I balance
誕生日	9月23日〜10月23日

天秤座というサインを語る上で最も重要なのは、モットーのI balanceです。これは文字通り、バランスをとるという意味合いで、天秤座のすべてを表していると言ってよいでしょう。天秤座は、どこにも偏ることなく、調和することを重視するサインです。

例えば、太陽が天秤座にあるならば、特殊な趣味やこだわりに傾倒することなく、標準的な人生を送ることを目指すようになるでしょう。実際に、空気を読んでバランスをとろうとすることが多く、我を貫くことは稀です。そのため多くの人に好かれて、社交的な生活を送ります。

水星が天秤座にあるならば、周りのすべてに気を遣って、上手に調整する能力に恵まれます。さながら優秀な司会者のように、対立する人々の意見をとりまとめることが得意です。話し合いの場においては、相手が話しているときに言葉を慎み、自分が話すときと聞くときを明確に切り替えることができます。ただし、空気を読みすぎる傾向があるため、ときとして優柔不断な側面が出てしまうことがあるかもしれません。

正義の女神が持つ天秤

天秤座は、正義の女神アストライアーの持つ天秤、もしくは収穫した作物を計量するための天秤に由来します。いずれにしても天秤は、左右どちらにも肩入れすることなく、正直にその軽重を測る道具です。そのことから、天秤は正義の象徴とされています。タロットカードの「正義」のカードにも、天秤が描かれています。

天秤座は、自身の感情に左右されずに正しい判断をしたいという傾向を持っています。火星が天秤座にある人は、力による解決で人を傷つけることを好まず、常に協調的な解決を心がけるという特徴を持ちます。誰も悲しませることなく、平和的な社交術によってケンカを終わらせる能力があります。その分、たまったストレスをスポーツやギャンブルなどにぶつけて解消することもあるでしょう。

支配天体の影響

感情に左右されない性質があるとはいっても、恋愛に関することだけは例外です。天秤座は金星の支配下にあるサインです。その分、どうしても、恋愛関係は激しくなりがちで、ときとして恋愛に対するだらしなさが出てしまうこともあるでしょう。特に金星が天秤座にある場合、ロマンチックで恋に落ちやすい傾向があります。身勝手なまでに強い愛の欲求を示し、人から愛されることを強く求めるのも特徴です。

また、月が天秤座にあると、人から嫌われたくないという気持ちが強くなります。誰かに後ろ指を指されたくないというだけの理由で、過剰なくらいの努力をすることもあるでしょう。嫌われないために従順であることを選ぶのは、天秤座の負の特徴かもしれません。

天秤座で読み解く仕事

仕事に関することを占う際に、水星が天秤座にあるならば、美的センスを生かした仕事への適性が高いと考えてよいでしょう。天秤座はおしゃれなサインでもあります。ファッションに関するセンスや、その他の美的センスが優れていますので、それを活用できる仕事に向いています。また、太陽が天秤座の場合は、多くの人との出会いがあり、大人数が関わる働き方をすると、能力を生かすことができます。

天秤座のキーワード

性質を示すキーワード

好き	友人・和やかな関係・平穏・調和・連携
嫌い	身勝手・口論・嫉妬・独裁者
長所	空気が読める・交渉上手・適応力が高い
短所	優柔不断・軽率・自己主張が弱い
魅力	おしゃれ・流行に敏感・平和
欲望	仲良くしたい・かっこよくいたい

関係性別のよくある問題点

親子	子供の協調性や社会性を求めすぎる
上司	求心力に欠ける・決定力がない
友人	本音が見えない・八方美人
恋人	友人を優先する・悪い誘惑にはまる

関連するもの

事物	ファッション・おしゃれ・SNS・商談
身体	腰・腎臓・副腎・臀部
職業	デザイナー・クリエイター・営業・広報

個人天体に与える影響

太陽	社交的な生活の中で、人脈を生かして生きる。
月	たくさんの人と関わって平和に生きることを願う。
水星	バランスのとれた思考力を持つ腕利きの司会者。
金星	恋に溺れがちで、ロマンに夢中になる。
火星	根回しをしつつ、平和に自己主張。

ノート

誰のどの天体が天秤座にあるかを調べて、
身近な人が受けている天秤座の影響をまとめてみよう！

（　　　　　　　　）の（　　　　　　　　）が天秤座

影響の実例

▶

（　　　　　　　　）の（　　　　　　　　）が天秤座

影響の実例

▶

（　　　　　　　　）の（　　　　　　　　）が天秤座

影響の実例

▶

重要度：★★★	# 蠍座 Scorpio

ルーラー（支配天体）	冥王星（主）／火星（副）
モットー	I desire
誕生日	10月24日～11月22日

神話世界の英雄オリオンは、「あらゆる動物の中で我こそが最強である」と自負していました。大地の神は、その傲慢さを罰するために1匹のサソリを放ち、その毒でオリオンは生涯を閉じます。

蠍座は、その時のサソリが天に昇って星になったものとされています。サソリにしてみれば、巨人のオリオンは恐ろしい敵であったに違いありません。神の放った刺客としての役割を果たすのは、容易なことではなかったことでしょう。サソリがオリオンを倒すには、一撃必殺の毒を最適なタイミングで打ち込むことが必要不可欠なのです。その戦い方こそ、まさに占星術の蠍座のイメージそのものといえます。

熱意と執念のサイン

蠍座は、どんなに大きな目標を前にしても、諦めることなく熱意を込めて作戦を練るサインです。そして、難しい状況を打破する必勝の策に命をかけて、その実現に全力を注ぐのです。

太陽が蠍座にある人は、ミステリアスで秘密主義と言われます。それは、自分の手の内に秘めた作戦を漏らさないための本能的な警戒心といえるでしょう。そして、どこまでも粘り強く、自分の目標を達成するために頑張ります。それはときに、執念深さや粘り強さという、蠍座のもう一つの重要なキーワードにもつながっていくのです。

水星が蠍座にあると、一つのことに対して深く強いこだわりを持って追求する能力に恵まれます。目的に向かって、実直な努力を積み重ねる能力は、蠍座の執念深さという性質がもたらす恩恵の一つです。

モットー

蠍座のモットーは、I desireです。これは「私は求める」という意味です。例えば、金星が蠍座にある場合には、情熱的な愛情を求める傾向が現れるとされています。金星が、最も執念深い働き方をするのは蠍座にいるときです。しばしば性的欲求の強さと関連付けられることがありますが、蠍座が与える影響はあくまでも、特定の愛する人への強い一体化願望です。最愛の人の気持ちを惹き付けて、常に一緒にいるためならば手段を選ばないというのが蠍座の持つ恋愛スタイルといえるでしょう。

支配天体の影響

そんな蠍座を支配している天体は2つあります。それは火星と冥王星です。冥王星の支配による影響としては、破壊と再生というキーワードが与えられています。しかし、このことは個人の性格を読み取る上ではあまり関係しません。

重要なのは、闘争心や戦い続ける執念など、火星の支配による影響です。火星が蠍座にある場合は、決して諦めることなく、最後まで戦う執念が育ちます。神話の中でオリオンにしたように、相手を一撃で仕留めるための秘密兵器を構えて、そのチャンスのときを待ち続けるのが蠍座の戦い方です。

蠍座で読み解く仕事

仕事を占う場合には、サソリの持つ粘り強さに着目すると正しい答えを導くことができます。水星が蠍座にあるなら、何らかの専門職や、集中力が求められる仕事において能力を発揮することになります。

太陽が蠍座にある場合は、粘り強さによって勝利を収めるようなキャリア設計をすることで成功につながります。何時間やっても苦にならないような、自分の好きなことを追求する働き方を目指すのがよいでしょう。

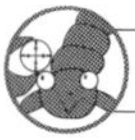

蠍座のキーワード

性質を示すキーワード

好き	激しさ・タブー・情熱・危険・秘密
嫌い	周知の事実・気まぐれ・低刺激
長所	洞察力が高い・粘り強い・タフ・諦めない
短所	執念深い・自虐的・欲張り
魅力	ミステリアス・セクシー・勘が鋭い
欲望	策謀で世界をコントロールしたい

関係性別のよくある問題点

親子	親としてのこだわりが強い・子供に嫉妬
上司	感情に訴えてコントロールする・しつこい
友人	メンタルの波がある・余計なお節介
恋人	嫉妬深い・余計なことに気づく

関連するもの

事物	マニアック・儀式・秘密・生と死
身体	直腸・生殖器官・膀胱
職業	専門職・カウンセラー・医療関係・探偵

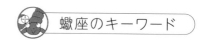

個人天体に与える影響

太陽	粘り強く自分の情熱を貫く人生。
月	渇望感を持って自分の欲求をかなえる性格。
水星	集中力が高く、周囲をコントロールする知性を持つ。
金星	情熱的で強欲な恋愛。
火星	力強く、一点突破の自己主張をする。

ノート

誰のどの天体が蠍座にあるかを調べて、
身近な人が受けている蠍座の影響をまとめてみよう！

（　　　　　　　　）の（　　　　　　　　）が蠍座

影響の実例

▶

（　　　　　　　　）の（　　　　　　　　）が蠍座

影響の実例

▶

（　　　　　　　　）の（　　　　　　　　）が蠍座

影響の実例

▶

重要度：★★★

射手座
Sagittarius

ルーラー（支配天体）	木星
モットー	I understand（I see）
誕生日	11月23日～12月21日

射手座といえば、十二星座の中で最も自由を愛する冒険者のサインです。危険を顧みず、未開の大地を求めて旅に出るようなキャラクター性を持っています。縛られることが嫌いな射手座に月を持っている人は、落ち着いていることを嫌う傾向があります。誰にも縛られずに、毎日異なる景色を見ている生活こそが落ち着く暮らしです。自分の家が最も落ち着く場所なのは万人に共通ではありますが、射手座の場合はそれだけになると心にダメージを受けてしまうかもしれません。

モットー

そんな射手座のモットーは、I understandです。世の中を理解しようとする意識が強く、哲学や宗教などといった、深い思考を要求する学問との関連性があります。例えば、水星が射手座にある場合、答えのない難問に向き合うことを愛するようになります。自分探しの旅に出たくなるのも、射手座の影響かもしれません。

神話の影響

射手座は、ケンタウロス族という半人半馬の種族をかたどったものです。ケンタウロスたちは通常、野蛮な性質を持っています。しかし、射手座の元になったケイローンという個体は、例外的に学問に秀でていました。ヘラクレスやアキレウスなどといった優秀な若者たちに勉強を教えていたのもケイローンです。

そのことから、射手座は探究心だけでなく、教えることに対しても能力を発揮する傾向にあります。例えば、太陽が射手座にある人は、冒険好きな自由人であると同時に、学んだことや身につけたことを人に話すことに喜びを感じます。体力だけの無謀な冒険者ではなく、文武両道で文化的な雰囲気を持っているのが射手座の最大の魅力ともいえるでしょう。文化的な知識を吸収することに人生の喜びを感じ、ときにはその対象が海外の異文化に及ぶこともあります。

支配天体の影響

射手座を支配している天体は木星です。木星の持つ発展させる力、ものを膨らませる力が射手座の性質に大きな影響を与えています。火星が射手座にある場合は、少しオーバーな自己主張をする人物になるかもしれません。ケンカのときには、言いたいことをストレートに主張し、相手を気遣う言葉は後回しになるでしょう。しかし、根っこに深い怒りを持つタイプではないので、少し言い争えばあっという間に怒りが収束するのも射手座が与える特徴です。

射手座には社交的な一面もあります。特に金星が射手座にある人は、恋愛対象になりそうな魅力的な相手にも、照れることなく、気楽にコミュニケーションをとります。ただし、必ずしも一直線に恋に落ちるとは限りません。熱しやすく冷めやすいのも射手座が与える恋の雰囲気です。射手座に金星を持つ人物は、手に入るかどうかわからないギリギリの恋愛に夢中になりやすい傾向にあります。駆け引きに弱いともいえるでしょう。

射手座で読み取る仕事

仕事については、冒険心と探究心に着目するとわかりやすいです。水星があるなら、幅広い分野にアンテナを張ることが求められる仕事で才能を発揮します。太陽があるなら、海外を視野に入れたグローバルな働き方に向いています。

射手座のキーワード

性質を示すキーワード

好き	冒険・詮索すること・知識・自由・旅行
嫌い	束縛・定住・無計画・厳しい現実
長所	探究心が強い・細部にこだわりすぎない
短所	自由すぎる・金遣いが荒い
魅力	哲学的思考力・行動力・たくましい脚力
欲望	縛られたくない・変化したい・知りたい

関係性別のよくある問題点

親子	子供の自主性を期待しすぎる・放任主義
上司	指示が非現実的・過剰に計画性を求める
友人	自由すぎる・テンポが速過ぎる
恋人	一人の時間を求める・駆け引きが苦手

関連するもの

事物	スポーツ・旅行・交通手段・目的・海外
身体	太もも・大腿骨
職業	探検家・起業家・旅行業

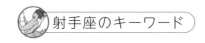

個人天体に与える影響

太陽	哲学的探究心を持って冒険を続ける人生。
月	自由を求めて気ままに過ごすことを求める。
水星	旺盛な知識欲と飽きっぽさを併せ持つ知性。
金星	大胆かつ熱しやすく冷めやすい恋愛。
火星	激しくストレートな自己主張。

ノート

誰のどの天体が射手座にあるかを調べて、
身近な人が受けている射手座の影響をまとめてみよう！

（　　　　　　　　　）の（　　　　　　　　　）が射手座

影響の実例

▶

（　　　　　　　　　）の（　　　　　　　　　）が射手座

影響の実例

▶

（　　　　　　　　　）の（　　　　　　　　　）が射手座

影響の実例

▶

重要度：★★★

山羊座

Capricorn

ルーラー（支配天体）	土星
モットー	I use
誕生日	12月22日〜1月19日

厳しい季節のサイン

山羊座の季節である1月は、年間で最も寒さが厳しい時期です。また、空に輝く星座としての山羊座は、明るい星がなく地味な印象を受けます。これらのことが山羊座というサインを理解する上で大きなヒントになります。

山羊座は、厳しい環境の中でも、自立心を持ってコツコツと頑張り、自分を高めていくストイックさが最大の持ち味です。例えば、月が山羊座にあるなら、失敗するかもしれない冒険を好まず、手持ちの資源を最大限に有効活用することに安心を感じます。控えめで保守的な性格を自認しており、目立つことに対しての本能的な警戒心を持っている場合があります。上昇志向が強く、成功したいと願う気持ちはありますが、自分自身が批判の矢面に立つことを恐れて、大胆な行動をとらない傾向があります。

支配天体の影響

そんな山羊座を支配しているのは土星です。土星は制限をかける天体ですが、山羊座もまさに、制限の中にあって、どのように生きるかがテーマになるサインです。ただし、山羊座が不幸を意味するということではありません。太陽が山羊座にある人は、むしろ社会的な成功を収めやすい傾向にあります。

山羊座の武器は、向かい風にめげることなく、追い風に甘えることなく、ただただ自分のするべきことを着実にこなす能力です。厳しい現実を知っているからこそ、今やるべきことを理解して、それを堅実に遂行するのです。

モットー

モットーは、I useです。ユーズという単語は、目的のために役立てるというのが原義です。山羊座は、自分も他人も環境も、何でも上手に使いこなす能力を天体に与えます。例えば、水星が山羊座にあれば、計算高さが際だった人物になるでしょう。自分の能力を正しく活用する方法を考えることはもちろん、他人を利用する手段も瞬時に導くことができます。実利優先のドライな性質があり、ときに人を値踏みすることもあるでしょう。

生真面目で堅物なサイン

山羊座の影響は、堅物という言葉で表現されることもあります。金星が山羊座にある場合、感情的な理由で恋に溺れることは少ないかもしれません。恋愛は結婚をするための前段階で、結婚とは社会的地位を固めるためのものであるというような、非常に実利的な思考で恋愛を考えることもあるでしょう。恋人を上手にコントロールするのはもちろんのこと、条件に合わない恋愛は早々に見切りをつけてしまうこともあります。

火星が山羊座にあるなら、身の安全を守る能力に優れているので、余計なケンカは避ける傾向にあります。戦わずして相手を取り込む方法を先に考えるのが特徴です。ただし、野心的な衝動に駆られて、思いがけない勇み足をすることが稀にあります。

山羊座で読み解く仕事

仕事については、真面目で権力志向が強いという点に注目して読み取るのがよいでしょう。水星が山羊座にあれば、あらゆる職業において堅実に能力を磨きます。才能よりも努力が生きる世界であれば、どこでも活躍できるでしょう。太陽が山羊座にあるなら、政治力を発揮して、ビッグになる道を目指すことに適性があります。

山羊座のキーワード

性質を示すキーワード

好き	権力・保守・ブランド・ステイタス・地位
嫌い	だらしない・はみ出しもの・非効率
長所	常識的・規律を守る・義務を果たす
短所	権威に弱い・高圧的・冷淡・独裁主義
魅力	統率力の高いリーダー・責任感がある
欲望	他人を出し抜きたい・地位を築きたい

関係性別のよくある問題点

親子	年齢相応の常識を期待しすぎる
上司	有能すぎて部下が育たない
友人	マウントをとる・保守的すぎる
恋人	堅物すぎる・説教くさい・生真面目すぎる

関連するもの

事物	ハイブランド・骨董品・落ち着いたもの
身体	膝・骨格・皮膚
職業	公務員・管理人・銀行家・教師・経営者

個人天体に与える影響

太陽	高い自制心を持って堅実に生きる人生。
月	社会的に認められることを求める。
水星	計算高く、理知的なコミュニケーション。
金星	盲目になることなく、条件を見極める恋愛。
火星	勝負所では無慈悲に自己主張。

ノート

誰のどの天体が山羊座にあるかを調べて、
身近な人が受けている山羊座の影響をまとめてみよう！

（　　　　　　　　）の（　　　　　　　　）が山羊座

影響の実例

▶

（　　　　　　　　）の（　　　　　　　　）が山羊座

影響の実例

▶

（　　　　　　　　）の（　　　　　　　　）が山羊座

影響の実例

▶

重要度：★★★

水瓶座
Aquarius

ルーラー（支配天体）	天王星（主）／土星（副）
モットー	I know
誕生日	1月20日〜2月18日

天王星の支配を受けるサイン

水瓶座は、革命家の天体である天王星に支配されたサインです。まさに革命的なエネルギーが満ちているサインで、古くさいものを好まず、目新しいものを求める進歩的な力を持っています。水星が水瓶座にある場合、しきたりに縛られることなく、科学的事実に基づいた行動を好みます。自分の意見をしっかり主張して支持者を集める能力も高く、新しい知識を普及する能力に長けているといえるでしょう。

太陽を水瓶座に持っている場合は、世の中の流れに迎合せずに、自分の信念を貫き通す革命家の資質が与えられます。基本的には、平和主義と博愛主義を掲げる人道家です。自分の行動で誰かを傷つけることは望まず、世界がよりよくなることを求めます。しかし、世界をよくするためとはいえ、自分を犠牲にして全体主義に飲み込まれることはありません。

客観的な思考

客観的な中立性を見失うことがないのも水瓶座の特徴です。火星が水瓶座にある場合は、自分の思想を丁寧に説明して自己主張はしますが、相手を批判することは好みません。多様性に対して寛容で、ボーダーのない自由を求めます。

水瓶座の神話

神話の水瓶座は、全能の神ゼウスが気に入った美少年、ガニュメデスの物語に由来します。ゼウスは、地上で特別な輝きを放つガニュメデスを誘拐して、無理矢理自分のお酌係にしました。そのガニュメデスが持っていた、銘酒を入れる瓶が水瓶座です。

持ち主が美少年であることに由来するかどうかはわかりませんが、天才肌の水瓶座はナルシストな一面を持っています。金星が水瓶座にある場合は、基本的に自分が大好きです。恋愛の相手に没頭するよりも、恋に恋をするという側面があるかもしれません。

基本的な恋愛スタイルとして、友情との境界が曖昧な付き合い方を求めるのが特徴です。恋人である前に、まず人間として相手を尊重しようとします。お互いを義務で縛るのではなく、互いの自由を尊重し合う関係性を求めるのが水瓶座の恋愛です。

モットー

モットーは、I know です。知ることこそが水瓶座の求めるものです。その時代の最新技術や新しい知識、最新のエンターテインメントを学びたい気持ちが水瓶座の根底に流れています。

特に月が水瓶座にある場合は、新しい物好きな傾向が一層強く表れます。ときとして、それは風変わりな趣味に見えるかもしれません。とにかく新しいことを知りたいという願望が、水瓶座の趣味人としての生活を支えています。

水瓶座で読み解く仕事

仕事について占う場合には、水瓶座の科学的で新時代的な側面に注目するとよいでしょう。水星が水瓶座にあるなら、真っ先に浮かぶのはＩＴ関連の仕事です。技術職のように、正解が明瞭に判断できる仕事も向いています。太陽が水瓶座にある場合には、社会全体に影響を与える技術革新を目指す働き方が合っているといえます。目の前の小さなことに縛られる働き方ではなく、高いところから全体を見渡すことを意識して働くのがよいでしょう。

水瓶座のキーワード

性質を示すキーワード

好き	進歩・調和・科学・公平・革命・人類愛
嫌い	独り占め・思い込み・旧態依然・普通
長所	中立的視点・公正な態度・良識的
短所	常識外れな一面・自分を優先できない
魅力	博愛主義的な懐の広さ・新しいもの好き
欲望	みんなで進歩したい・新技術を学びたい

関係性別のよくある問題点

親子	独自の価値観で子育てをする
上司	最新のトレンドや技術に振り回される
友人	考え方が個性的すぎてついて行けない
恋人	友人関係と違いがわからない

関連するもの

事物	最新技術・電波・アイデンティティ
身体	ふくらはぎ・くるぶし・静脈
職業	技術職・社会学者・コンサルタント

個人天体に与える影響

太陽	1人の時間を大切にする独創的な人生。
月	進捗的で風変わりなものを求める。
水星	事実に基づいた論理的なコミュニケーション。
金星	友情の延長にある互いを縛らない恋愛。
火星	過激な本心を隠して平和に自己主張。

ノート

誰のどの天体が水瓶座にあるかを調べて、
身近な人が受けている水瓶座の影響をまとめてみよう！

（　　　　　　　　）の（　　　　　　　　）が水瓶座

影響の実例

▶

（　　　　　　　　）の（　　　　　　　　）が水瓶座

影響の実例

▶

（　　　　　　　　）の（　　　　　　　　）が水瓶座

影響の実例

▶

重要度：★★★

魚座

Pisces

ルーラー（支配天体）	海王星（主）／木星（副）
モットー	I believe
誕生日	2月19日～3月20日

十二星座の最後の一つ、魚座は最も複雑で不思議な側面を持ったサインです。

モットー

魚座のモットーは、I believe です。信じることこそが、魚座の最大の特徴です。信じるというのは、自分や他人を信じるということだけでなく、大いなる神を信じることまで含まれています。

月が魚座にある人物は、何かを信じて受け入れることに幸福を感じます。外界からの影響を受けやすく、環境や友人のカラーにすぐに染まるのが特徴です。確固たる自分を持つよりも、偉大な何かを信じて、それに従っているときにリラックスするでしょう。強く要求されると拒みにくくなる傾向があるため、ときにだまされやすい人と評されることもあるかもしれません。しかし、心の底からだまされているのではなく、相手を信じたい気持ちに賭けて、あえてだまされる道を選んでいる場合もあるでしょう。

水星が魚座にある人は、愛や信心などといった、理論では否定も肯定もできないものを重視する傾向にあります。科学的な理論では計れない、感情的なイメージを重視するため、しばしばコミュニケーションが抽象的になります。

支配天体の影響

そんな魚座を支配しているのは海王星です。宇宙の幻惑術士ともいうべき海王星の影響により、魚座は曖昧な雰囲気をまとっています。

魚座に太陽を持っている人は、しばしばボーッとしがちな人物であると思われがちです。しかし実際には、外から見て何も考えていないように見えるときも、非常に複雑な情緒を処理するために、脳がフル回転していることも珍しくないでしょう。他者からの評価と実態がかけ離れやすいのは魚座の特徴といえます。発言がコロコロ変わるため、嘘つきと思われることもありますが、嘘つきではありません。信じられないスピードで考えが変わっているため、嘘をつく意思がなくても整合性がない話をしてしまうのです。繊細なメルヘンワールドを持っていて、感動しやすいのも特徴的です。

神話の中の魚座

神話では、化け物から逃げるために魚に変身した母子の神が、互いに離ればなれにならないようにリボンで体を結びつけた姿を星座にしたのが魚座です。

このことからも、魚座が愛情深くロマンチックな星座であることがうかがえます。魚座に金星を持っている人は、夢中になった相手のすべてを受け入れるような激しい恋愛をします。どれだけ愛されても満足することはなく、さらに深い繋がりを欲するでしょう。また、情に流されやすい傾向があり、自分が損をしてでも相手に尽くします。

この献身性も魚座の重要な特徴です。火星が魚座にある人は、苦難を受け入れて、自分を犠牲にすることで争いを避ける傾向があります。

魚座で読み解く仕事

仕事について占う場合には、魚座の情緒的な共感力の高さに注目してください。水星が魚座にあるなら、相手を理解する能力が強く発揮されます。カウンセラーのように共感力が必要な仕事や、接客業などで活躍することができるでしょう。理論でなく人柄で商売をするなら、意外と営業職にも適性があります。愛される営業マンを目指すことができます。

太陽が魚座にあるなら、利益よりも偉大な信念を重視したビジネスモデルを展開するのに向いています。社会や人類の未来のために貢献する仕事に適性があるといえるでしょう。

魚座のキーワード

性質を示すキーワード

好き	愛・同情・夢・ロマン・魔法・奉仕・芸術
嫌い	ケンカ・疑い・論理・限界
長所	想像力が高い・思いやりがある
短所	ごまかす・だまされやすい・非現実的
魅力	親身になってくれる・信じてくれる
欲望	すべてを信じたい・神に愛されたい

関係性別のよくある問題点

親子	子供を過信して期待ばかりが高まる
上司	責任の所在を曖昧にしてしまう
友人	知らぬ間に蓄積した不満が爆発する
恋人	言葉を超えてわかり合うことを求めすぎる

関連するもの

事物	癒やし・スピリチュアル・神・芸術
身体	かかと・足・内分泌系・リンパ
職業	カウンセラー・接客業・芸術家・俳優

個人天体に与える影響

太陽	あらゆるものを信じて受け入れる人生。
月	信じるものにすがることを求める。
水星	感情やイメージを直感的に伝えるコミュニケーション。
金星	すべてを受け入れて溶け合う恋愛。
火星	我慢しているという事実だけを主張。

ノート

誰のどの天体が魚座にあるかを調べて、
身近な人が受けている魚座の影響をまとめてみよう！

（　　　　　　　　）の（　　　　　　　　）が魚座

影響の実例

▶

（　　　　　　　　）の（　　　　　　　　）が魚座

影響の実例

▶

（　　　　　　　　）の（　　　　　　　　）が魚座

影響の実例

▶

十二星座の記号一覧

♈	牡羊座	羊の角を図像化したもの
♉	牡牛座	牛の頭と角を図像にしたもの
♊	双子座	ローマ数字の2をアレンジしたもの
♋	蟹座	カニの甲羅、はさみを図像化
♌	獅子座	ライオンの尻尾、もしくはたてがみを図像化
♍	乙女座	収穫した麦穂を抱いた乙女を図像化
♎	天秤座	正義の女神の天秤を図像化
♏	蠍座	尾に針を持ったサソリを図像化
♐	射手座	弓矢を図像化したもの
♑	山羊座	角のある上半身と、魚の下半身を図像化
♒	水瓶座	水瓶にたたえた水の波紋を図像化
♓	魚座	リボンで結んだ2匹の魚を図像化

太陽とサインの関係

太陽星座だけで占う十二星座占いは、誕生日さえわかれば、複雑な計算をせずとも「何座の生まれ」なのかを導くことができます。これは、本書で学ぶ西洋占星術でいうところの、太陽が滞在しているサインと全く同じものです。

月や火星などの天体がどのサインにあるかは、誕生日だけでなく、生まれた年も含めた生年月日を元に、複雑な計算をしなければ導くことはできません。しかし、太陽のサインだけは、現代人が普通に使っているカレンダーの日付だけで知ることができるのです。

これは、地球がちょうど1年かけて太陽の周りを回っていることと関係します。占星術では地球が止まっていて太陽が動いていると考えていますが、この際どちらでも同じことです。大切なのは、地球から見たときの太陽の通り道にあるのが12サインで、太陽が1年かけて12サインを1巡するということなのです。なので、毎年同じ日付になると、太陽は同じサインの同じ位置に滞在していることになるのです。

厳密に言えば、この1年とは約365.24219日のことです。この端数の部分は4年に一度の閏年で調整されます。そしてこの端数の関係で、年によって太陽星座が切り替わる日付が微妙に異なる問題が発生します。例えば、牡羊座の始まりは3月19日の年と3月20日の年があります。

星座の切り替わりの日に生まれている人も、生まれた時刻を元に正確な太陽の位置を計算すると、自分が何座なのか、明確に確認することができます。

エレメントによる区分

重要度：★★★

これまで紹介してきた12のサインの特徴を、一つずつ覚えるのはなかなか簡単ではありません。そこで、サインの特徴をイメージしやすくするための秘策として、サインのグループ分けを紹介します。

サインは、その性質に応じてグループ分けをする方法があります。12個のサインをバラバラに覚えるのではなく、グループごとにまとめてイメージをすると、記憶がスムーズになります。

エレメントとは

グループ分けの方法はいくつもありますが、その中でも代表的なのは、エレメントによる分類です。

西洋には、世の中にあるものはすべて、火・地・風・水からなる4種類のエレメント（元素）からなっているという考え方があります。占星術にもこの考えが取り入れられており、すべてのサインは、この4種類のいずれかの属性を持っていると考えられています。日本語では四元素、もしくは四区分と呼ばれることもあります。

エレメントは性格が共通しているグループ

同じエレメントに分類されるサイン同士は、性格に関する共通性があります。例えば、パワフルさが特徴の火のエレメントには、牡羊座・獅子座・射手座といった、元気な性格のサインが並びます。情のエレメントである水には、蟹座・蠍座・魚座といった、繊細で感情的な性格のサインが分類されています。各エレメントの特徴は、非常にわかりやすくシンプルです。それを覚えておけば、サインの学習がスムーズになるでしょう。

どのサインがどのエレメントに分類されるかは、暗記しなくても簡単に判断できます。牡羊座から、火地風水の順番で規則的に分類されているからです。

まずは、次ページから紹介する各エレメントの特徴をさっと覚えてください。そうすれば、サインの意味が格段に覚えやすくなるはずです。

火のエレメント

重要度：★★★

牡羊座・獅子座・射手座が割り当てられるのは火のエレメントです。火は湧き上がる情熱や力強さの象徴で、これらのサインは皆、パワフルで堂々とした自我を持っているという共通点が与えられています。想像力と精神力にあふれていて、思うままに人生を謳歌する勇気があります。

牡羊座 とても積極的でパワフル。

獅子座 堂々としていて自分を王様だと思っている。

射手座 新しい発見のために自信と情熱を持って旅に出る。

地のエレメント

重要度：★★★

牡牛座・乙女座・山羊座に割り当てられているのは、地のエレメントです。地は大地がもたらす安定性を表しています。大地が生み出す富の象徴でもあります。タロットカードでは、地のエレメントは硬貨として描かれています。これらのサインは、落ち着いていて用心深く、保守的な傾向が共通しています。

牡牛座　所有欲が強めで、優雅に振る舞うリアリスト。

乙女座　しっかり計算して守るべきものは守る保守性。

山羊座　荒唐無稽なロマンではなく努力に基づく野心を抱く。

風のエレメント

重要度：★★★

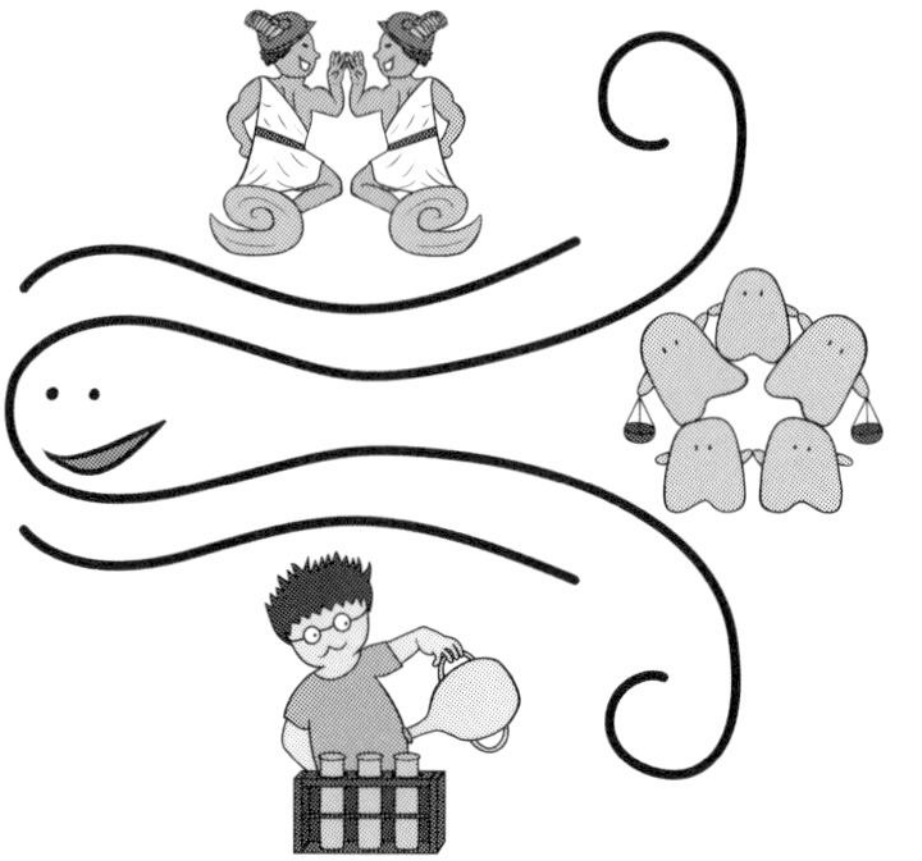

双子座・天秤座・水瓶座には風のエレメントが割り当てられています。風は知識と自由の象徴です。何者にも縛られることなく、自分が欲しいと思う情報を求めて他者と関わります。風のサインは論理的で社交的な側面が共通しています。問題を解決するためのアイディア力を持っているのも特徴です。

双子座 水星の申し子ともいうべき知性とコミュニケーション力。

天秤座 人と関わることを愛する社交家。

水瓶座 自分の信じる知性を追求する自由な発明家。

水のエレメント

重要度：★★★

蟹座・蠍座・魚座は水のサインとして分類されています。涙を連想するとわかりやすいかもしれませんが、水は感情の象徴です。エネルギーを外に向けることよりも、自分自身の中であれこれと考え込む特徴がこれらのサインの共通項です。水のサインは優しく思いやりが深いという長所がある反面、打たれ弱く影響されやすくもあります。

蟹座　十二星座で最も優しく感受性が強いサイン。

蠍座　自分の中にあるテーマを追求し続ける。

魚座　他人と自分とを区別せずすべてが溶け合うことを求める。

クオリティによる区分

重要度：★★★

エレメントに次ぐもう一つの区分方法として、天体のクオリティによる区分と呼ばれるものがあります。

クオリティとは、各サインに共通する行動パターンを元にした区分です。具体的には、活動宮・不動宮・柔軟宮の3種類が存在します。これも牡羊座から順番に、活動宮・不動宮・柔軟宮が繰り返されます。これらは、英語名の頭文字をとってＣＦＭと表記されることもあります。

エレメントとの違い

先に紹介したエレメントは、各サインの性格の共通点を示す分類でした。それに対してクオリティは、外面的に現れる具体的な行動パターンを理解するのに役立ちます。特にわかりやすいのは、トラブルやピンチへの対応です。

活動宮に分類されるサインは、トラブルに対して、積極的に自分の力で打開することを目指します。それに対して、不動宮は、じっと待ってトラブルが過ぎ去るのを待つサインが分類されます。柔軟宮に分類されるサインは、文字通り柔軟な対応を得意としていて、危険からいち早く逃げることができるサインです。

クオリティは季節を表す

重要度：★★☆

牡羊座から順番に4回繰り返されるクオリティのサイクルは、季節のサイクルにも対応しています。各季節の始まりの日である、春分・夏至・秋分・冬至の日に太陽が位置しているサインは、すべて活動宮です。例えば、太陽が牡羊座に入る春分の日は、春という季節の持ち味が本格的に活動し始める時期です。

そして、春という季節が定着する時期には、不動宮の牡牛座がきて、春が去る時期には柔軟宮の双子座が巡ってきます。そして、夏至の日に夏の始まりを告げる活動宮の蟹座へとバトンが渡されます。

	活動宮	不動宮	柔軟宮
春	 3/21～4/19 牡羊座	 4/20～5/20 牡牛座	 5/21～6/21 双子座
夏	 6/22～7/22 蟹座	 7/23～8/22 獅子座	 8/23～9/22 乙女座
秋	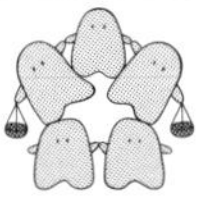 9/23～10/23 天秤座	 10/24～11/22 蠍座	 11/23～12/21 射手座
冬	 12/22～1/19 山羊座	 1/20～2/18 水瓶座	 2/19～3/20 魚座

活動宮

Cardinal【カーディナル】

新しい季節を告げる活動的な星座がそろっています。牡羊座・蟹座・天秤座・山羊座が活動宮に分類されています。これらのサインは、季節が始まる際の力強さを象徴するかのように、行動的で主導的な行動を好みます。

牡羊座 臆することなく挑戦する活動力。

蟹座 家を守るためにリーダーシップを発揮する。

天秤座 社会とのつながりを積極的に求める。

山羊座 社会の中で自分の地位を高める。

不動宮

Fixed【フィクスド】

不動宮は、各季節の中間で、すでにその季節の雰囲気が不動のものとなった時期の星座です。牡牛座・獅子座・蠍座・水瓶座が該当します。やや頑固で変化を嫌う傾向があり、安定したライフスタイルの中で力を発揮するサインといえます。

牡牛座　金銭的に恵まれた状況で優雅に過ごす。

獅子座　名声や人望に恵まれた中で堂々と過ごす。

蠍座　努力と工夫で安全を確保して安全に過ごす。

水瓶座　１人の時間を大切にして平和に過ごす。

柔軟宮

Mutable【ミュータブル】

柔軟宮に分類されるのは、双子座・乙女座・射手座・魚座という季節の終わりの星座です。すでに次の季節に心が移っている時期を象徴するように、多面性があり、柔軟な行動力を持っています。変化を好み、安定に退屈を感じる傾向もあります。

双子座 周囲の状況に応じて考え方を変える力。

乙女座 しっかり空気を読んで周りのために尽くす能力。

射手座 一所にとどまらず可能性を探すことを好む。

魚座 自分の気持ちよりも周囲の意向を優先する。

エレメントとクオリティの組み合わせ

エレメントとクオリティの組み合わせは、4×3＝12パターン存在しており、組み合わせが重複するサインは存在しません。下図のように、地のエレメントで活動宮といえば山羊座という風に、エレメントとクオリティの組み合わせはサインと1対1で対応します。

	火	地	風	水
活動宮	 牡羊座	 山羊座	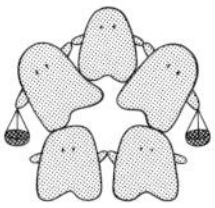 天秤座	 蟹座
不動宮	 獅子座	 牡牛座	 水瓶座	 蠍座
柔軟宮	 射手座	 乙女座	 双子座	 魚座

第2章の振り返りテスト

問題1

最も自由で、知的好奇心が強い冒険家のサインは?

（　　　　　　　　）

問題2

計算高く真面目で、権威に憧れを抱くサインは?

（　　　　　　　　）

問題3

魚座のモットーは?

（　　　　　　　　）

問題4

夏至から始まるサインは?

（　　　　　　　　）

問題5

風のエレメントに分類されるサインは?

（　　　　座）（　　　　座）（　　　　座）（　　　　座）

問題6

不動宮に分類されるサインは?

（　　　　座）（　　　　座）（　　　　座）（　　　　座）

問題7

水星によって支配されるサインは?

（　　　　座）（　　　　座）

第3章

天体とサインの関係

専用の学習ページでは…

この章で学ぶホロスコープの基本的な書き方や、エレメントやクオリティのバランスなどを判断するために必要な情報を、確認することができます。面倒な計算を自動化することで、星を読み解く本質的な学習に集中できるようになっています。

ホロスコープの基本

重要度：★★☆

これまで、天体とサインの説明をしてきました。実は、この2つを理解しているだけで、ホロスコープの最も基本的な役割を理解することができてしまいます。

普通はソフトを使って、完成形のホロスコープをいきなり出力するものですが、一度は練習のため、自分で書いてみることをおすすめします。

ホロスコープの基本構成

今日の占星術で使うホロスコープは円形で描かれ、外周にサインを表す記号を配置しています。生まれた時間が定かな場合は、最初のサインである牡羊座をどこから書き始めるかを決めるステップがありますが、これは後で紹介します。まずは、牡羊座を左端に記した、最も基本的なホロスコープの枠を作りましょう。次のページの空のホロスコープに、双子座以降の記号を反時計回りに書いてください。魚座の次が牡羊座になっていれば正解です。

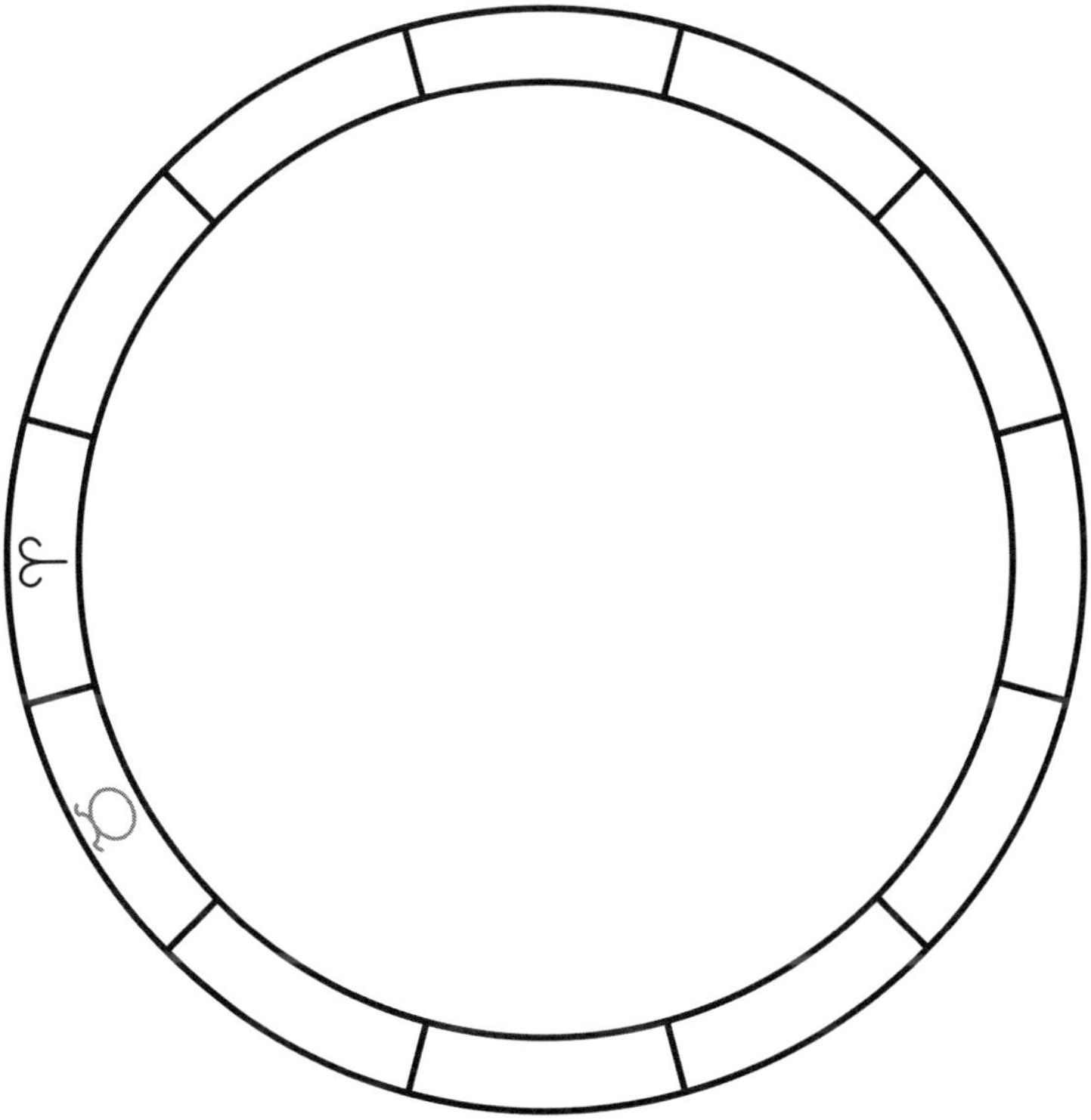

☉	太陽
☽	月
☿	水星
♀	金星
♂	火星

♃	木星
♄	土星
♅	天王星
♆	海王星
♇	冥王星

♈	牡羊座
♉	牡牛座
♊	双子座
♋	蟹座
♌	獅子座
♍	乙女座

♎	天秤座
♏	蠍座
♐	射手座
♑	山羊座
♒	水瓶座
♓	魚座

度数を調べる

サインの記号を書き込んで、ホロスコープの土台ができたら、次はいよいよ天体の位置を記載します。

まずは自分の天体がどの度数に存在するかを調べる必要があります。本書と連動しているLINE公式アカウントの第3章の項目を開くと、ホロスコープ作成に必要な各天体の度数が一覧で表示されるようになっています。

この際、度数の整数部分と端数で、サインの記号を挟むように書くとおしゃれです。牡羊座の23度34分にある場合は、23♈34という具合です。

LINEを使うことができない場合は、左ページのいずれかのサイトやアプリなどを使って調べてみましょう。その際、完成形のホロスコープが表示されると思いますが、それを書き写すだけでは勉強になりませんので、必ず各天体の度数を抜き出して、左ページの枠内に書き込んでください。

この度数計算は、かつては天文暦と呼ばれる、数十年分の天体の位置を書いたデータブックを使って導いていました。しかし、それでは正確性に欠けますし、不必要に難しい計算をすることになります。文明の利器を使いましょう。

天体の度数を調べる

太陽	
月	
水星	
金星	
火星	

木星	
土星	
天王星	
海王星	
冥王星	

【記載例】

23♈34

度数を調べるためのサイト

【公式アカウント】

https://lin.ee/IKKbcLD

【Prophetess Astrology】

https://motty56.com/hr/

【My Astro Chart】

http://www.m-ac.com/index_j.html

天体をホロスコープに書き込む

度数を調べ終えたら、いよいよ天体の記号をホロスコープに書き込みます。いろいろな書き方がありますが、左図のように、サインの該当する部分から線を引き、天体の記号を書いてその横に度数を書くのが最もわかりやすく、天体の前後関係を間違えにくいので便利です。

この際、目分量でいいので、サインの中での各天体の度数を意識して線を引くようにします。サインの中での度数も、反時計回りに進みます。前のサインとの境界線が0度で、次のサインに近い側が29度だと考えるのがわかりやすいでしょう。

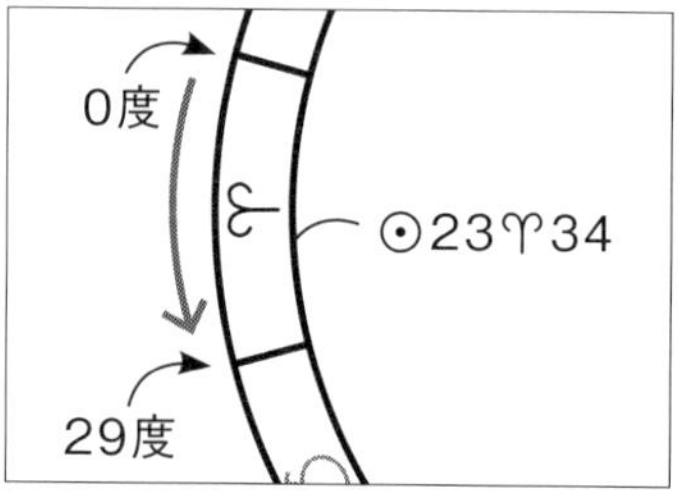

太陽から冥王星まで書き終えたら、基本的なホロスコープの完成です。一般的なソフトで出力するホロスコープと比べると、ややシンプルに見えるかもしれませんが、これでホロスコープの要件の7割は満たしています。

もちろん残りの3割の記載の仕方は、後の章で解説しますが、これを理解するにはハウスやアスペクトをマスターする必要があります。今の段階では、天体の位置をつかむためのホロスコープの読み書きができれば十分です。

ホロスコープを書く理由

天体の位置を示すだけなら、わざわざ円形のホロスコープにせず、数字だけでもよさそうなものです。しかし、わざわざ紙を大きく使ってこのような図を書くのは、何もおしゃれだからという理由だけではありません。

この章では、天体とサインの位置関係をホロスコープに記すことで見えてくる、占星術の読み方を紹介したいと思います。

特定のサインへの偏り

重要度：★★★

サインの章では、天体が滞在するサインによって性格に与える影響をお伝えしました。これはもちろん非常に重要なことですが、ホロスコープを読み解く際には、全体像を正しくつかむことも重要なのです。

花畑を平気で踏み荒らす暴漢が、ダリアだけは踏まないとしても、その人物が花好きということにはなりません。これと同じように、一つひとつの天体がどのサインの影響を受けているかを読み取るのと同時に、ホロスコープの全体的な傾向をつかんで総合的に理解する必要があるのです。

オーバーロード

その手法の一つが、特定のサインにたくさんの天体が集中している箇所がないかを調べることです。

一つのサインにたくさんの天体が集まると、それぞれの天体が影響を受けるだけでなく、ホロスコープ全体がそのサインのカラーに染まるかのように影響を受けるようになります。特に、

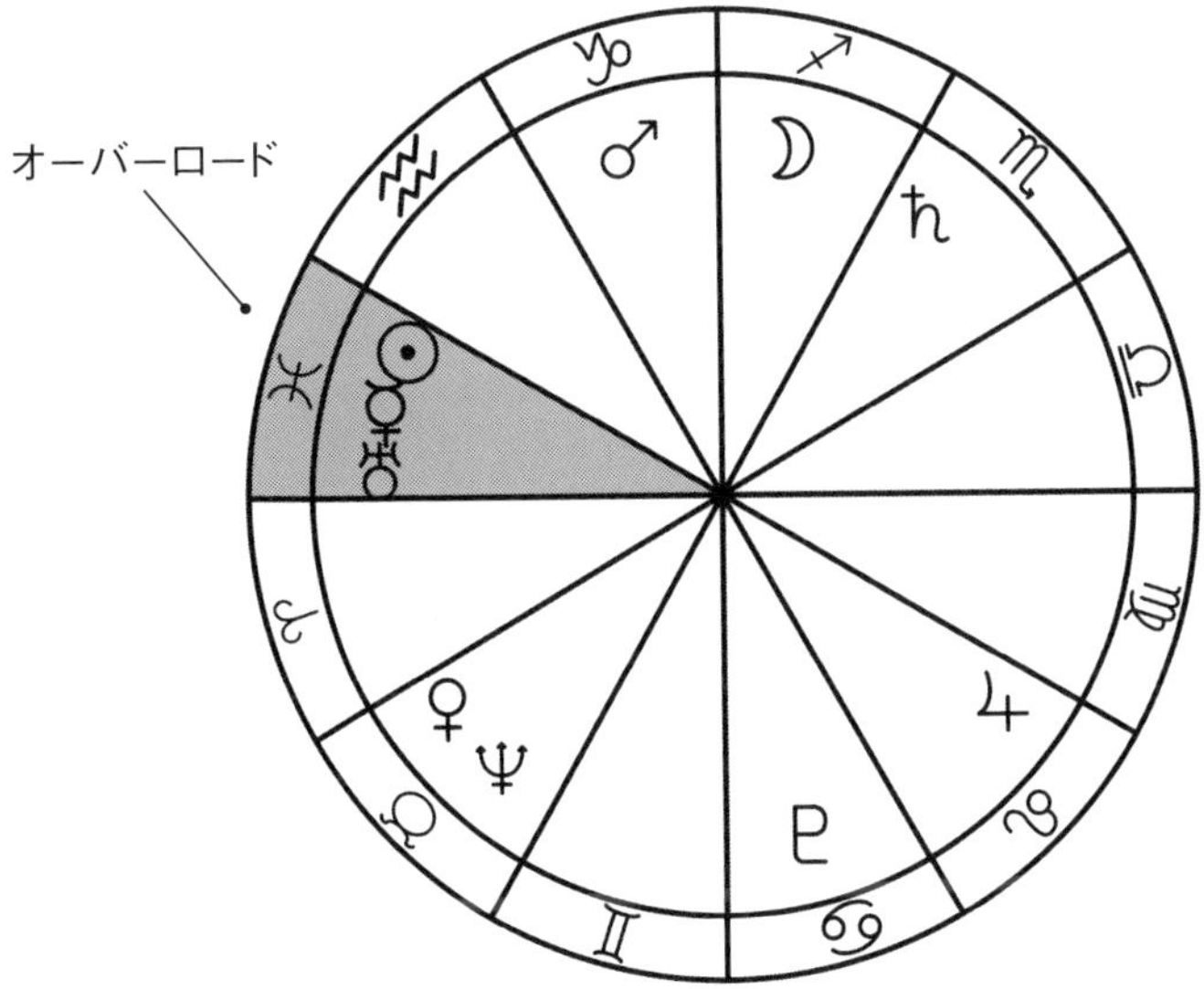

十大天体のうち３つ以上が一つのサインに滞在している状態をオーバーロードといいます。

オーバーロードになると、そのサインの特徴が強烈に発揮されます。良い部分がますます発揮されるのはもちろんですが、天体の数が５つ以上などと過剰になれば、そのサインの長所が暴走して変な方向に行くこともあります。例えば、山羊座の持つ野心が強く働きすぎて、強権への執着という形で現れるような状態です。

なお、オーバーロードを判定するときには、十大天体はすべて平等に扱います。通常はサインの状況を重視しない土星や天王星のような動きの遅い天体も、太陽や月と同じ、１票を持っていると考えます。

次ページでは、各サインがオーバーロードになっているときの状態の一例を表示します。

サイン別オーバーロードになったときの状態

牡羊座	積極的で明るく元気いっぱいである反面、短気を起こしやすい。1番を目指して、全力で挑戦することに適正。
牡牛座	そこはかとない落ち着きと品位を持ち、ある種の貫禄が備わっている。欲張りになる恐れもある。目立つ生き方に適正。
双子座	情報処理能力が非常に高く、知的な人生を送る。おしゃべりや飽きっぽさが欠点。各種の商売や副業に才能あり。
蟹座	周囲の変化によく気づき、敏感に空気を察知する能力に長けている。メンタルに注意。時勢を見抜いて行動する才能あり。
獅子座	自分の偉大さを周囲に知らしめる能力が高く、カリスマ性がある。威張りすぎに注意が必要。人を束ねる才能あり。
乙女座	神経質なくらいに気配りができて、読みも鋭い。気にしすぎに注意が必要。地道な積み重ねで道を開く人生。

天秤座	水と油を混ぜるような、複数のものを調和させる能力が優れている。決断力は弱い傾向。社交が人生の鍵。
蠍座	集中力や記憶力など、個人の驚くべき能力によって人生を切り開くことができる。努力と才能の人。素の自分を見失いがち。
射手座	誰にも縛られることなく、自由に楽しく過ごすことを追い求める。狭い世界に閉じこもるのは危険。動き回ることで開運。
山羊座	現実世界をよりよいものにするため、地道な努力を重ねることに才能がある。過労に注意。高みを目指すことが人生の鍵。
水瓶座	人がびっくりするような思いつきや、新しい価値観を提案することができる人物。周囲から浮くこともあるが、それでよい。
魚座	究極のロマンと夢を追い求めて幸せをつかむ。同時に夢に翻弄されることもある。人を信じすぎるのは注意。

エレメントやクオリティのバランス

重要度：★★★

特定のサインへの偏りだけではなく、もっと広い目でホロスコープを捉える方法もあります。それは、エレメントとクオリティのバランスを見る方法です。

エレメントとクオリティのそれぞれについて、サインをチーム分けして玉入れ競争をするようなイメージです。各チームが獲得している天体数の合計を比較してバランスを判断します。

各区分に含まれている天体の数が多いか少ないかを判断する際には、下の表を参考にしてください。例えば、火のサインである牡羊座・獅子座・射手座に合計で4つの天体があれば、火のエレメントが多いと判断します。また、柔軟宮に分類される4つのサインに含まれる天体が2つの場合は、柔軟宮が少ないと判断します。

各区分の天体数は多くのソフトで自動集計できます。

	エレメント	クオリティ
欠落	0個	0個
少ない	1個	1～2個
普通	2～3個	3～4個
多い	4個	5個
過剰	5個以上	6個以上

エレメント（火地風水）のバランス

　エレメントのバランスによって、その人物の全体的な性格の兆候をつかむことができます。例えば、火のサインに多くの天体が配置されているなら、その人物は全体として火の性質を強く持った人物ということになります。反対に特定のエレメントに分類されるサインに、一つも天体がない場合は、そのエレメントに関連する分野に大きな欠乏が存在することを暗示しています。

クオリティ（活動宮・不動宮・柔軟宮）のバランス

　クオリティの場合は、その人物の行動パターンや、目標達成の手段、トラブルに対する対処方法などを読み取ります。柔軟宮に多くの天体がある人物は、トラブルに対して柔軟な対応をとることができる人物ですが、反対に1つもないのであれば、逃げ足が極端に遅く危機管理が苦手な人物といえるでしょう。

　これらのバランスを判定する際にも、十大天体はすべて同じ1票を持っていると考えて集計します。その後で詳細な分析をする際に、もしも違和感が生じたなら、動きが遅い天体ばかりで票を集めているところよりは、太陽や月が含まれている部分に注目するなど個別に判定します。

ホロスコープのバランスの解釈

エレメントの偏り

火のエレメント

火のエレメントに天体が多い人は、パワフルで行動的な人物です。新しいものを生み出す創造性が強いアイディアマンです。0個の場合は、攻撃性や衝動性が欠落する傾向にあります。

地のエレメント

地のエレメントの天体が多い人は、安定志向が強く、堅実な人生を歩みます。物質的に安定した豊かな人生を送る可能性が高いでしょう。0個の場合は、リスクを恐れない人物になります。

風のエレメント

風のエレメントに天体が豊富であれば、新鮮なものを求めて激しく動き回る人物になります。情報のアンテナも敏感ですし、人付き合いも積極的です。0個の場合は、変化を拒む頑固さが出ます。

水のエレメント

水のエレメントに天体が多い人は、涙もろく心が動きやすい性質を持っています。優しく人当たりがよい代わりに、打たれ弱くなります。0個の場合は、ドライな人物といえるでしょう。

クオリティの偏り

活動宮

活動宮のサインに天体が多い人は、行動を自分の意思で決定し、積極的にトラブルに立ち向かいます。活動宮の天体が少ない場合は、日和見主義になります。

不動宮

不動宮に天体が多い人は、どっしりと構えてチャンスの時を待ちます。不動宮に天体が少ない場合は、落ち着きのない行動をする場合があります。

柔軟宮

柔軟宮に天体が多ければ、柔軟性が高く、引くべきところで適切に引くことができます。逆に柔軟宮に天体が少ない場合は執着しすぎる人になります。

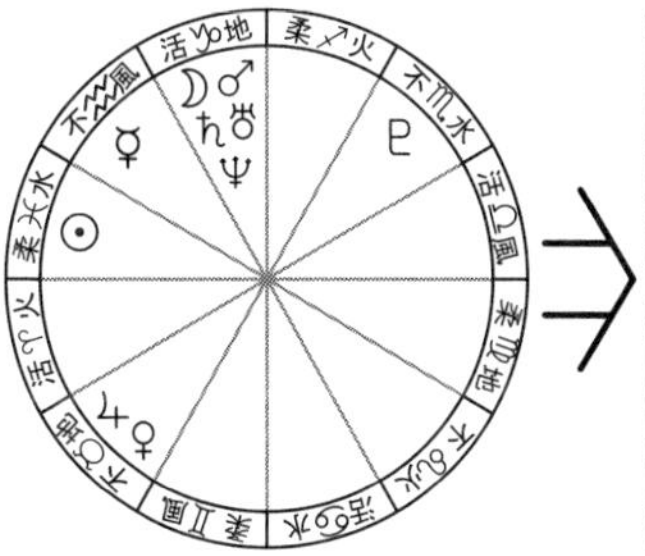

火	0個(欠落)
地	7個(過剰)
風	1個(少ない)
水	2個(普通)

活動宮	5個(多い)
不動宮	4個(普通)
柔軟宮	1個(少ない)

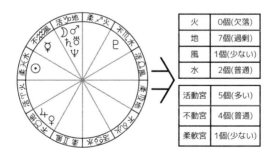

エッセンシャルディグニティ

重要度：★★☆

サインと天体の関係性を語る上で、重要な技法にエッセンシャルディグニティがあります。一般的な現代占星術の本ではあまり言及されませんが、これは天体の活躍ぶりを判断する上でとても重要な要素なので、存在とその基本は是非とも理解してください。計算方法も解説しますが、それはソフトで出せるので覚える必要はありません。

この章でマスターしてほしいのは以下の3点です。

・天体は滞在するサインや度数によって居心地の善し悪しがあること。
・その居心地の善し悪しは点数で明確に表せること。
・点数が高い場合と低い場合で天体の活躍度合いが変わること。

天体とサインの相性

12種類のサインは、それぞれ非常に個性的です。サインの説明を読んだ段階で、なんとなく感じていた方がいるかもしれませんが、実は各天体にはサインとの相性の善し悪しがあります。

例えば、幻惑の星である海王星は、ロマンチックなサインとは相性が良いですが、現実的なサインとはいまひとつです。各天体と各サインの相性は均一ではなく、天体にとって居心地の良いサインと悪いサインが明確に決まっています。

最もわかりやすいのは、サインとその支配天体の関係です。天体は自分が支配するサインに滞在していると、居心地の良さを感じます。この時の天体の状態をドミサイルと呼びます。例えば、海王星が、自分の支配する魚座に滞在している場合は、「海王星がドミサイルの状態を獲得している」と表現します。

天体とサインの相性には、ドミサイルを含めて7つのパターンがあり、これらをまとめてエッセンシャルディグニティと呼びます。

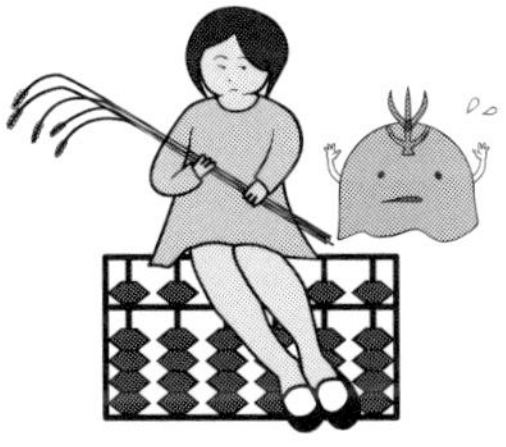

エッセンシャルディグニティの点数

エッセンシャルディグニティには、それぞれ点数がつけられています。例えば、ドミサイルの状態にある天体は、5点プラスになります。

天体の居場所によっては、複数のディグニティを同時に獲得することも珍しくありません。そのような場合は、各ディグニティの点数の合計が、その天体の点数になります。

点数の高低

天体が獲得している点数が高ければ、それだけでも天体の状態判断は大きくプラスになります。高得点の天体は良い働き方をして人生に重要な影響を与えます。反対に、ディグニティが低い場合は、天体の働きが鈍くなります。

しかし、木星や金星などの吉の星の点数が低いからといって凶の意味になるわけではありません。逆に凶星のディグニティが高いからといってよい意味になることもありません。鯛は腐っても鯛で、毒は新鮮でも毒です。

もちろん、アスペクトやハウス等の他の事情によっても影響を受けるので、最終的には総合的な判断が必要です。

エッセンシャルディグニティ

ディグニティとは、日本語では「品位」と翻訳されます。エッセンシャルとは「極めて重要な」という意味なので、エッセンシャルディグニティとは、その天体の「極めて重要な品位」ということになります。

エッセンシャルディグニティが高いというのは、天体が高品位であるということです。

なお、マイナスの効果を持つものは、エッセンシャルディビリティ（衰弱）という表現を使うのが正式ですが、一般には両者をまとめてディグニティと呼びます。

点数計算のルール

ディグニティを計算する際の点数や、それぞれをどこに定めるかについては諸説あります。本書では、歴史上で最も偉大な占星術師の１人であり、今日よく普及しているウィリアム・リリーが書き残した点数計算のルールを採用します。

ディグニティの計算方法

これからしばらく、各ディグニティの計算方法を解説しますが、**覚える必要はありません**。現代ではソフトで点数だけを計算するのが普通ですので、しばらく読み飛ばしてもOKです。

ディグニティの高低による天体の影響

太陽	高	思慮深く、朗らかで堂々とした威厳を持っている。
	低	自分の才能を過信して人を見下しがち。
月	高	気前がよく柔和な態度で人から高評価を得る。
	低	気分が変わりやすく、1つのことに集中しにくい。
水星	高	頭の回転が非常によく、弁舌や技術に優れている。
	低	知的には優れているが、その知性を悪用する。
金星	高	愛に満ちた平和な生活を送り、愛のために力を尽くす。
	低	自分が愛されることにこだわりすぎてわがままになる。
火星	高	勇敢で大胆。自分を信じて適切に行動する勇気がある。
	低	深く考えることなく行動してしまい失敗しやすい。
木星	高	気前よく寛大で、高貴なものとしての義務を適切に果たす。
	低	持って生まれたものや、与えられたものを浪費する。

土星	高	勤勉に努力し、自分を律することができる。
	低	努力を軽視して簡単に人を羨む。
天王星	高	人を圧倒するような奇抜なアイディア力を発揮する。
	低	思考が暴走して変わり者と見られてしまう恐れ。
海王星	高	自分や他人に明るい夢を見せて幸せを生み出す。
	低	曖昧な夢に溺れて自分を見失いがち。
冥王星	高	人知を超えたパワーを発揮して道を切り開く。
	低	積極的になることができず行動力が出ない。

ディグニティの点数は、最終的にマイナスになることもしばしばあります。点数の善し悪しは、総合計がプラスで終わるかマイナスで終わるかを基準に考えるとよいでしょう。

特に、6点以上、または−5点以下の場合は、注目に値するディグニティと解釈することができます。

主要なディグニティ

重要度：★☆☆

エッセンシャルディグニティの代表例は、すでに紹介したドミサイルです。

これは、天体が自分の支配しているサインに滞在しているときに獲得するものでした。ドミサイルは天体にとって、自分の本来の居場所にいることを意味する最高のディグニティです。まるで自分の家にいるかのように落ち着き、堂々と力を発揮します。ドミサイルで獲得する5点は最高の点数です。

デトリマント（障害／マイナス5点）

さて、サインは自分と180度反対側にあるサインと、相反する側面を持つ傾向があります。例えば、現実主義の乙女座の反対にあるサインは、ロマンティストの魚座です。このことから、ドミサイルを獲得するサインの反対側のサインにいるとき、天体はその力をフルに発揮することができなくなります。これをデトリマント（障害）といいます。

サインとドミサイルの関係

デトリマントはドミサイルの対極にあり、点数はマイナス5点となります。

エグザルテーション（高揚／4点）

ドミサイルと似た概念のディグニティに、エグザルテーション（高揚）があります。まさに文字通り、天体のテンションが上がる場所で、天体がやる気満々に仕事をする状態です。点数としては4点を獲得します。

ドミサイルとの違いを説明するなら、ドミサイルは「その天体が実効支配している場所」で、エグザルテーションは、「その天体が最も崇められる場所」というような違いがあります。なお、各天体がエグザルテーションを獲得するサインについては、209ページの早見表を確認してください。

フォール（下降／マイナス4点）

そして、エグザルテーションを獲得できるサインの反対側のサインに滞在しているときは、フォールになります。これはエグザルテーションと真逆に、天体のテンションが下がっている状態です。点数はマイナス4点になります。

ドミサイルの覚え方

重要度：★★☆

肉眼で見ることができる7つの天体については、非常にシンプルなルールで支配するサインが決まっています。まず、太陽が最も活動する獅子座に太陽を置き、その手前にあたる蟹座に月を配置します。そして、この2つのサインを基準に、下図のような形で、水星から土星までの天体を順番に配置すると、ドミサイルが規則的な並びになっていることが一目瞭然にわかるでしょう。ホロスコープを回転させて、蟹座と獅子座が下になるようにすると見やすくなります。

天王星・海王星・冥王星のドミサイル

重要度：★☆☆

サインの紹介のところでは、現代占星術におけるサインの主な支配天体を紹介してきました。これは、古典時代にはまだ発見されていなかった海王星や冥王星を含んでいます。現代では、水瓶座と魚座、蠍座の3サインにおいて、支配天体が変更されています。しかし、ディグニティを計算する際には、新旧どちらの支配天体もドミサイルを獲得することができます。

エグザルテーションのサインについて

重要度：★☆☆

エグザルテーションのサインは、ドミサイルのように美しい規則性はありません。古代ローマの偉大な学者であるプトレマイオスは、エグザルテーションのいわれを以下のように記しています。

・太陽は日が長くなり始める春分点の牡羊座で高揚する。
・逆に土星は日が短くなる秋分の天秤座で高揚する。
・豊穣の北風を生み出す木星は、北の星座である蟹座で高揚する。
・火の星である火星は南の山羊座で高揚する。
・潤い豊かな金星は、これから春が訪れる魚座で高揚する。
・乾いた性質の水星は秋を迎える乙女座で高揚する。
・月は太陽の隣の牡牛座で高揚する。

	ドミサイル（5点）	デトリマント（ー5点）	エグザルテーション（4点）	フォール（ー4点）
太陽	♌	♒	♈	♎
月	♋	♑	♉	♏
水星	♊・♍	♐・♓	♍	♓
金星	♉・♎	♈・♏	♓	♍
火星	♈・♏	♉・♎	♑	♋
木星	♐・♓	♊・♍	♋	♑
土星	♑・♒	♋・♌	♎	♈
天王星	♒	♌	♏	♉
海王星	♓	♍	♒	♌
冥王星	♏	♉	♌	♒

その他のディグニティ

重要度：★☆☆

残り3種類の、ややマイナーなエッセンシャルディグニティを紹介します。完璧に覚える必要はありませんが、存在を知っておいて損はありません。

トリプリシティ（3点）

トリプリシティと呼ばれるディグニティは、昼のホロスコープと夜のホロスコープで該当するサインが変わる癖者です。日の出時刻から日没までの間を描いたホロスコープは、昼のホロスコープと呼ばれて、昼のトリプリシティが有効になります。それ以外は夜のホロスコープです。

天体がその時間帯のトリプリシティに該当するサインにいる場合、プラス3点を獲得します。

ターム（2点）

天体が滞在しているサインの名前だけでなく、特定のサインの特定の度数にあるときに獲得するディグニティも2種類あります。

一つはタームというものです。これは、少し居心地がよい場所というようなニュアンスで、獲得しても2点にしかならず、それほど大きなプラスになるものではありません。タームの特徴は、その区切りが複雑であることです。２１３ページの表で説明しますが、かなり不規則な区切り方です。

歴史上の偉大な占星術師は、このタームの計算方法をあれこれと工夫してきました。その工夫の結果、タームの導き方がたくさん生まれてしまい、どれを採用するべきか選ぶ必要が生じてしまいました。本書では、現代の占星術師の間で最も信頼されているプトレマイオスの方式を採用します。

フェイス（1点）

そして最後に紹介するのが、フェイスです。タームと似ていて、サインを10度ずつに区切ったエリアを基準にしています。

フェイスを獲得すると、プラス1点になります。タームやフェイスで獲得する細かい点数は、たいしたことがないように見えます。しかし、次講で紹介しますが、プラスの点数がない場合にはペナルティーを受けるというルールがあるので、この1点は非常に重要な意味合いを持ちます。

なお、トリプリシティやターム、フェイスには、反対側で減点になるものはありません。

ホロスコープの昼と夜

生まれた時間が日の出から日没までの間であれば、その人は昼のトリプリシティを参考にします。しかし、日没の時刻を調べるのは面倒です。実際には、太陽が滞在しているハウスを見ると、一目で昼夜がわかります。太陽が1ハウスから6ハウスにある場合は夜で、7ハウスから12ハウスにあれば昼のホロスコープです。

トリプリシティとエレメント

トリプリシティを覚えるのはなかなか簡単ではありません。しかし実は、すでに紹介したエレメントを使うと一瞬で理解できます。トリプリシティは、サインのエレメントごとに共通しています。

なお、出生時刻が不明の人のトリプリシティは、昼か夜かどちらを採用するかの決まりはありませんが、昼で計算するのがよいでしょう。

	昼	夜
火	☉	♃
地	♀	☽
風	♄	☿
水	♂	♂

タームの計算方法あれこれ

タームを計算する方法として、本書では天動説を完成させたことでも有名な２世紀ギリシアの大天文学者、プトレマイオスが『テトラビブロス』という本の中で紹介している表を採用しています。他にも、エジプシャンシステムやカルデアンシステムと呼ばれるものが存在し、『テトラビブロス』でも紹介されています。興味のある人はそちらを参照してください。

	昼のトリプリシティ（3点）	夜のトリプリシティ（3点）	ターム（2点）	フェイス（1点）
太陽	♈・♌・♐			♈10～20・♊20～30・♍0～10 ♏10～20・♑20～30
月		♉・♍・♑		♉10～20・♋20～30・♎0～10 ♐10～20・♒20～30
水星		♊・♎・♒	♈14～21・♉8～15・♊0～7 ♋20～27・♌6～13・♍0～7 ♎19～24・♏21～27・♐14～19 ♑6～12・♒6～12・♓14～20	♉0～10・♋10～20・♍20～30 ♐0～10・♒10～20
金星	♉・♍・♑		♈6～14・♉0～8・♊13～21 ♋13～20・♌13～19・♍7～13 ♎6～11・♏14～21・♐8～14 ♑0～6・♒12～20・♓0～8	♈20～30・♋0～10・♍10～20 ♏20～30・♒0～10
火星	♋・♏・♓	♋・♏・♓	♈21～26・♉26～30・♊25～30 ♋0～6・♌25～30・♍24～30 ♎24～30・♏0～6・♐25～30 ♑19～25・♒25～30・♓20～26	♈0～10・♊10～20・♌20～30 ♏0～10・♑10～20・♓20～30
木星		♈・♌・♐	♈0～6・♉15～22・♊7～13 ♋6～13・♌19～25・♍13～18 ♎11～19・♏6～14・♐0～8 ♑12～19・♒20～25・♓8～14	♊0～10・♌10～20・♎20～30 ♑0～10・♓10～20
土星	♊・♎・♒		♈26～30・♉22～26・♊21～25 ♋27～30・♌0～6・♍18～24 ♎0～6・♏27～30・♐19～25 ♑25～30・♒0～6・♓26～30	♉20～30・♌0～10・♎10～20 ♐20～30・♓0～10

ミューチャルレセプション／ペレグリン

重要度：★☆☆

太陽が蟹座で月が獅子座だった場合、もしも互いのサインが入れ替わっていれば、太陽と月のどちらもドミサイルを獲得することができます。

このように、互いの居場所が入れ替わることで、両方ともに同じディグニティを獲得できる「惜しい」状態を、ミューチャルレセプションと呼びます。

このミューチャルレセプションが成立している天体同士は、互いの状態を高め合う良好なパートナーであるといえます。良いアスペクトを持っているのと同じように、良い関係を保っている天体同士ということになります。

ミューチャルレセプションによる救済

そして、ミューチャルレセプションが成立している場合は、対象となるディグニティを獲得しているものとして点数を計算することがあります。その場合に加算する点数は、元のディグニティの点数と同じになります。これをミューチャルレセプションによる救済といいます。このルールを採用しない占星術師もいますが、本書ではプラスの効果を持つすべてのディグニティについて、ミューチャルレセプションによる救済を行うことをおすすめします。

なお、互いの位置を入れ替えることで、どちらかの天体だけがディグニティを獲得できるという状態では、ミューチャルレセプションとは判断しません。それが許されるなら何でもありになってしまいます。

ペレグリン（マイナス5点）

最後に紹介するのはペレグリンです。これまで、7種類のエッセンシャルディグニティとミューチャルレセプションを紹介してきましたが、これらを一つも得られなかった天体は、それはそれで特殊な状態と判断されます。それがペレグリンです。

ペレグリンは、何ら後ろ盾を得ない不安定な状態の天体というニュアンスです。この状態にある天体は、基本的に悪い方向に流されやすいといわれています。そのため、ペレグリンの状態になると、点数はマイナス5点になります。

ミューチャルレセプションについて

レセプションとは、ホテルのレセプションやレセプションパーティーのそれと同じで、「歓迎する」という意味を持ちます。ミューチャルとは、「互いに」という意味なので、「互いに歓迎する」というのがミューチャルレセプションの意味です。
文字が長いので、M/Rという記号で示すこともあります。

例)

1. 牡牛座の水星と双子座の金星

→入れ替わることで両方ともドミサイルになるのでM/Rが成立。

2. 獅子座の天王星と山羊座の太陽

→両者が入れ替わると、太陽はドミサイルになりますが、天王星は山羊座に入っても何もありませんのでM/Rではありません。

3. 蟹座の金星と魚座の月

→入れ替わることで、金星はエグザルテーション、月はドミサイルになりますが、ディグニティの種類が異なるのでM/Rは不成立です。

計算してみよう

本書の表を参考にするか、本書と連動しているLINE公式アカウントの機能を使って、エッセンシャルディグニティを計算してみましょう。

太陽	
月	
水星	
金星	
火星	
木星	
土星	
天王星	
海王星	
冥王星	

第3章の振り返りテスト

問題1

ホロスコープを解読するためには、まずは全体の

（　　　　　　　　）を確認する。

問題2

サインに天体が3つ以上ある状態は何という?

（　　　　　　　　）

問題3

火のエレメントに7つの天体があると、どんな人物になることが予想される?

（　　　　　　　　　　　　　　　　）

問題4

天体が自ら支配するサインに滞在している天体は、

（　　　　　　　　）を獲得する。

問題5

エグザルテーションとなるサインの反対側のサインに滞在している天体が獲得するのは?

（　　　　　　　　）

問題6

入れ替わることでディグニティを獲得できる天体同士を何という?

（　　　　　　　　）

第4章 アスペクト

専用の学習ページでは…

登録した生年月日の星を自動計算して、この章で紹介するアスペクトが誰のどの天体に発生しているかを確認することができます。また、本書で紹介しているアスペクトの早見表も体験できます。

アスペクトの基本

重要度：★★★

天体同士が特定の角度を作ることを、アスペクトといいます。日本語では座相と表現されます。アスペクトの対象として用いられる角度はいくつかあり、それぞれに名前がついています。その中でも最もわかりやすいのは、天体同士が0度のときに成立するコンジャンクションというアスペクトでしょう。2つの天体がホロスコープの同じ位置にいるのですから、これが特別な角度であることは疑いの余地がありません。

現代の占星術では、0度を含めた、全5種類の角度をアスペクトとして使用します。これを「メジャーアスペクト」といいます。

まずは、アスペクトの王様であるコンジャンクションを例にとって説明します。コンジャンクションは日本語では「合」といいます。基本的な意味は、互いの力を高めて、引き立て合うということです。

水星と金星の場合は……

例えば、水星と金星がコンジャンクション（合）を形成している場合を考えてみましょう。

これを金星の側から見れば、水星の知性の力を借りて、自らの愛の力を的確に表現できるようになります。

恋愛であれば、感情に流されるばかりではなく真剣に考えた恋愛、芸術活動であれば、知性を感じる創作というようなニュアンスが生まれるでしょう。

そしてそれと同時に、水星にも金星が影響を与えます。知性というドライなものの中に、愛の力が加わることで、言葉が論理的であるだけでなく感情にも直接訴えかけるような情熱を持つようになります。

アスペクトをどのように解釈するかについては、完全な決まりがあるわけではありません。ここも占星術が自動占いにできない要因の一つです。意味を暗記するのではなく、天体のイメージを元に、占星術師が自分の頭でイメージすることが重要です。本書で示す解釈も、あくまでも例示であって模範解答ではありません。なるべく想像力を働かせて自由に解釈するようにしてください。

吉凶は構成する天体で決まる

コンジャンクションが良い方向に作用するかどうかは、構成する天体が何かによって決まります。これには、ディグニティのような厳密なルールはありませんが、基本的には良い天体とのコンジャンクションは吉で、悪い天体とのコンジャンクションは凶です。

例えば、木星と火星のコンジャンクションであれば、木星にとってはよくないアスペクトで、火星にとっては大吉の意味のアスペクトとなります。ホロスコープ全体で見れば、吉凶両方の意味が一つずつあると考えます。

アスペクトの許容誤差

アスペクトは、定められた通りにピッタリの角度でなくても、ある程度の誤差を認めるのが普通です。この許容範囲を「オーブ」といいます。角度の誤差が小さいほど、アスペクトの効果は大きくなります。

どれだけのオーブを許容するかには、厳密なルールはなく、占星術師が自由に決めてよいとされています。多くの占星術ソフトには、許容するオーブの値を設定する機能があります。上の図は、プロの現場感覚を元にした参考値です。

もちろん、度数がぴったりな状態が最強です。小数点以下までぴったりな状態をパータイル、もしくはイグザクトと呼びます。

正式な角度からの誤差

誤差	呼び方	効果
ぴったり	パータイル イグザクト	超強力
2度以内	タイト	強力
4度以内	普通	普通
8度以内	ワイド	弱い
それ以上	アスペクトではない	なし

そして、完全一致ではないまでも、正確な角度に近いことをタイトなアスペクトと呼びます。これも十分強力な効果があります。誤差が大きい場合はワイドなアスペクトといいます。ワイドなアスペクトは効果が隠れていて全く実感できない場合もあります。

オーブの考え方

オーブを設定するときは、どの天体のどのアスペクトも、すべて一律で度数を決めることがほとんどです。前ページの図を参考に、基本的には4度以内のアスペクトを重視するというのがよいでしょう。

もしも、より細かくルールを定めるとすれば、太陽や月のような大きく見える天体はオーブを広くとるなどの方法が考えられます。アスペクトの種類ごとにオーブの度数を定めるソフトもありますが、本来のオーブの意味からすると、天体ごとに値を定めるのが適切なのです。オーブとは元々、光の球という意味で、天体の大きさ分の誤差を許容するという発想から来ているからです。

アスペクトの見つけ方のコツ

サインの中での度数が近い天体は、何らかのアスペクトを持っている可能性が高いといえます。例えば、牡羊座の22度と23度に天体があったとすれば、それは誤差1度のコンジャンクションです。そして、そこからサインが1個ずれるごとに、天体の角度差は30度ずつ増えていくことになります。

例えば、牡羊座から4個離れた獅子座の同じ度数に天体があれば、その天体は120度の角度をとっていることになります。

大変便利なことに、すべてのメジャーアスペクトの角度は、30の倍数です。なので、サイン内の度数が近い天体に注目すると、すぐにアスペクトを見つけることができるのです。

これは、アスペクトが元来、天体同士の角度ではなく、天体が滞在しているサインの角度によって決まっていたことに由来します。

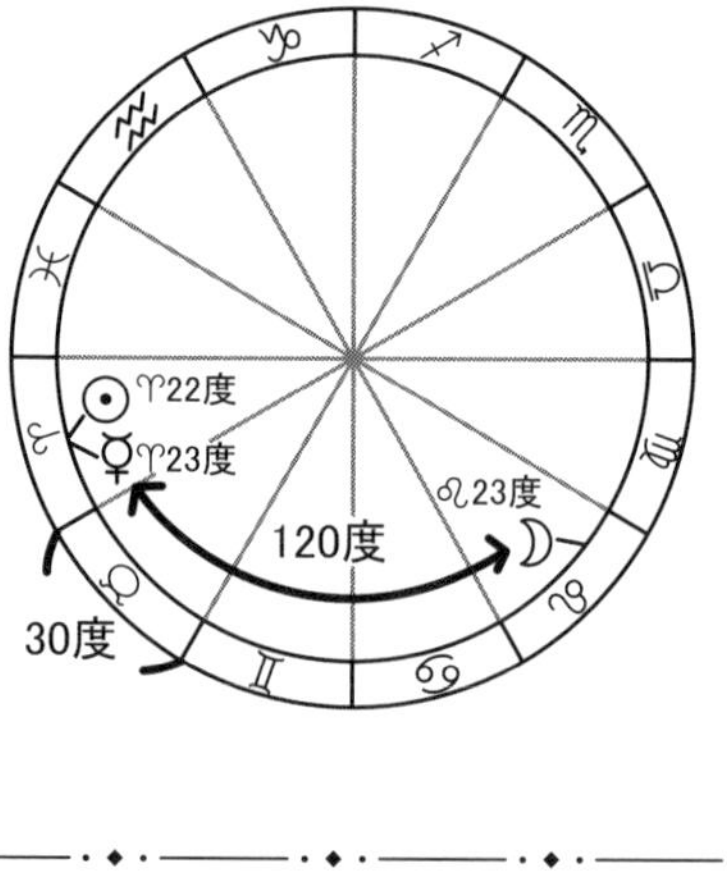

接近と離反

アスペクトには接近と離反という区別もあります。ホロスコープの時刻を少し進めたときに、対象となる天体同士の角度が正しいアスペクトの角度に近づいている状態を「接近」、反対に離れていく状態を「離反」といいます。接近の方がアスペクトの効果は強く、ぴったりの角度になろうとする瞬間が最強であるとされています。

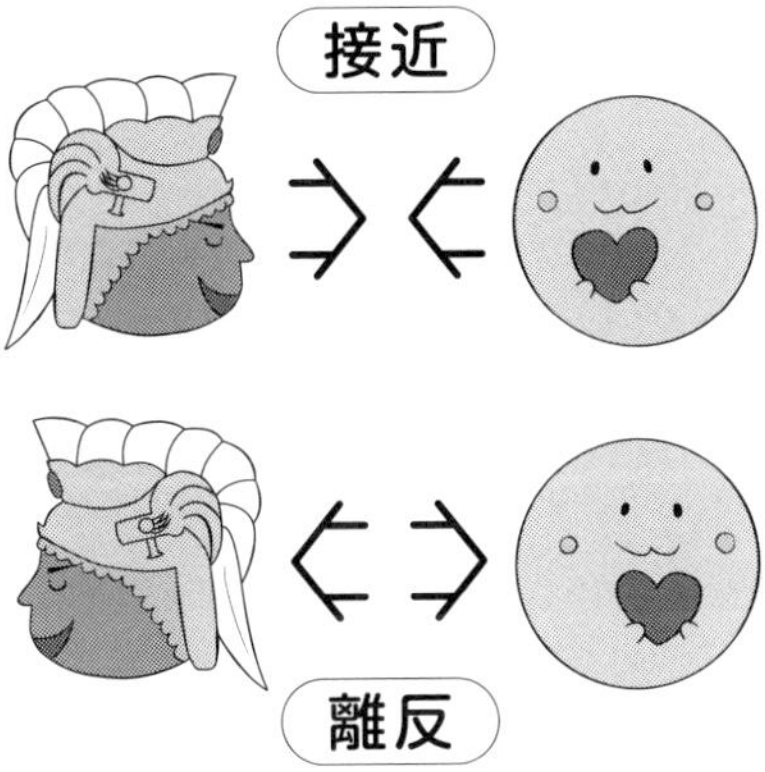

そのアスペクトが接近なのか離反なのかを見極めるには、数学的な判断が必要で難解です。慣れてくれば天体の進行方向と位置関係で理解することができますが、難しければソフトに任せましょう。

ソフトアスペクト

重要度：★★☆

前回紹介したコンジャンクションは、合致する相手の天体によって吉凶が変わるという性質を持っていました。今回紹介するのは、相手の天体が土星でも冥王星でも、常に良い意味を持つアスペクトです。

常に良い意味を持つアスペクトを総称して、ソフトアスペクト、もしくはイージーアスペクトと呼びます。本書で紹介する基本のアスペクトの中には、2種類のソフトアスペクトがあります。

トライン ——最高のソフトアスペクト

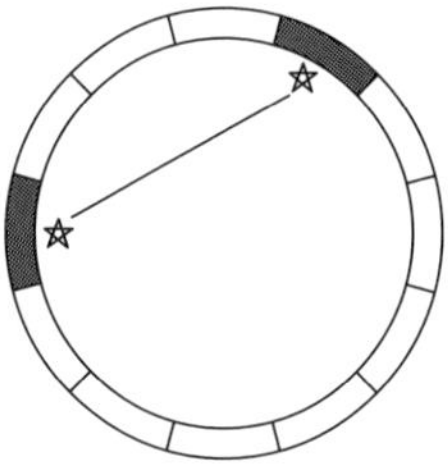

ソフトアスペクトの代表格は、120度の角度を基準とするトラインです。トラインを形成する天体同士は、互いの能力を高め合い、協調し合う関係になります。

トラインは、相手の天体が悪い天体であっても、必ず良い解釈をします。例えば、凶星である土星とトラインになっている天体は、「努力をする力が得られる」と考えることができます。ある意味究極のポジティブシンキングです。その天体の分野で、ほどよい制限がかかった結果、幸せなことが訪れる場合もあるでしょう。例えば、金星と土星のトラインであれば、責任感に制限されて遊びの恋愛をためらい、恋愛相手と誠実に向き合う人物になるかもしれません。

セクスタイル ——角度も力もトラインの半分

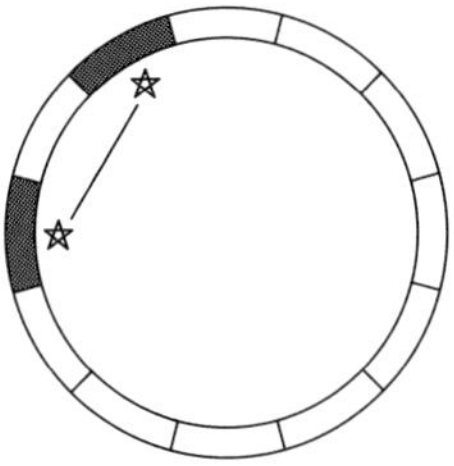

もう1つのソフトアスペクトは、トラインの半分の角度である、60度を基準とするセクスタイルです。意味はトラインとほぼ同じで、天体同士が協調して能力を高め合うようになります。ただし効果はトラインほどではありません。

実占の現場では、それなりにプラスがあると評価しますが、セクスタイルだけで決定的な答えを出すことはほとんどありません。

トラインと比較すると、1・5倍ほど発生頻度が多いアスペクトでもあります。

ソフトアスペクトの記号

トライン（120度／大吉）

ホロスコープの全体（360度）を3等分した角度である120度を基準としていることから、三角形の記号で表します。

三角形は調和を表す記号であり、トラインの意味もそれに準じて天体同士の協力関係を表しています。

セクスタイル（60度／吉）

ホロスコープ全体を6等分するセクスタイルは、6分割を図像化した記号で表します。意味はトラインとほぼ同様ですが、その効果はトラインに比べて弱いとされています。

ソフトアスペクトは互いに助け合う

ソフトアスペクトの天体は、互いに協力し合う関係になります。これは、どちらか一方だけが利益を受け取るわけではなく、互いに相手からよい影響を受けることになります。

天体の持っているよい特徴をアスペクトの相手に授けるようなイメージを持つとわかりやすいでしょう。

各天体がソフトアスペクトで与える影響

太陽	意思を持って情熱的に活動するようになる。
月	情緒的で感覚的な活動ができるようになる。
水星	理知的な判断を伴って働くようになる。
金星	愛着や美的センスが加わった働きをする。
火星	積極性でエネルギッシュな傾向を与える。
木星	天体の効果を大きく発展させて幸運をもたらす。
土星	苦労や努力が効果を発揮するようになる。
天王星	大きく変化することを求めて好奇心が増す。
海王星	相手の天体の分野で何かに夢中になる。
冥王星	相手の天体の効果が極限の場面で発揮される。

ハードアスペクト

重要度：★★★

ソフトアスペクトとは反対に、アスペクトを形成することで、天体同士が互いに悪い影響を与え合うものをハードアスペクト、もしくはディフィカルトアスペクトといいます。

スクエア ―― 一番の厄介者は90度

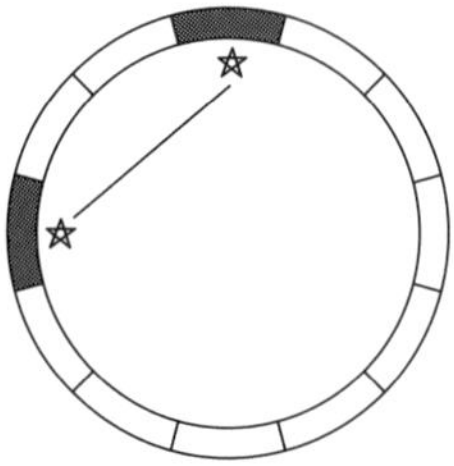

現代の占星術における、最も悪い意味の強いハードアスペクトは、90度を基準とするスクエアです。スクエアを構成する天体同士は、互いに相手の特性を傷つけるような作用をします。

例えば、月と金星がスクエアであれば、「感受性の高さによって、恋心がかき乱されるような状態」が想定されます。

特に火星や土星などといった、凶星とのスクエアは悪い意味が強く、相手方の天体にとっては「傷」になります。例えば、月と火星のスクエアがあれば、「月が（火星によって）傷つけられている」と表現します。

オポジション――180度は衝突

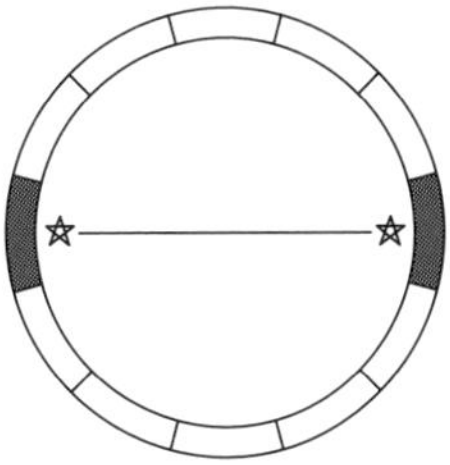

もう1つのハードアスペクトであるオポジションは、180度を基準にしています。これは、天体同士が互いに刺激し合う関係になります。それぞれの天体は、自分が本来担当する分野とは違うところから横やりを入れられる形となり、働きが鈍くなってしまいます。

ハードアスペクトの記号

スクエア（90度／大凶）

ホロスコープの全体（360度）を4等分する角度である90度は、四角形の記号で示されます。一般的にはこのスクエアこそが最も悪いアスペクトであると考えられています。

オポジション（180度／凶）

ホロスコープのちょうど反対側に天体がある状態をオポジションといいます。記号は反対側の天体同士が影響している姿をイメージさせます。基本的には悪い意味のアスペクトですが、直ちに不幸をもたらすという意味ではないとされています。

ハードアスペクトは困難を与え合う

ハードアスペクトの天体同士は、互いに困難な課題を与え合う関係になります。

天体の持っている負の特徴を相手の天体に分け与えるのがハードアスペクトだと考えるとよいでしょう。

各天体がハードアスペクトで与える影響

太陽	社会的な活動のために力を尽くすようになる。
月	気分の浮き沈みが影響を与える。
水星	計算高く冷徹になる。言葉に感情が乗らない。
金星	愛に対する渇望が強くなる。
火星	衝動的に暴走しがちになる。
木星	楽観的に考える性質を与える。
土星	環境によって制限されて苦労が生じる。
天王星	どんでん返しで損をする。
海王星	曖昧で不明瞭なモヤがかかる。
冥王星	極端な場面で天体の力を暴走させる。

その他のアスペクト

重要度：★★☆

これまで紹介してきたメジャーアスペクトのほかにも、様々なアスペクトが存在します。135度のセスキコードレイドや、144度のバイキンタイルなど、名前を覚えるだけでも難しいものがいくつもあります。これらをマイナーアスペクトと呼びますが、実占で使うことはほとんどありません。

その中から一つだけ紹介すると、150度の角度を基準にしたクインカンクスというものは、稀に実占でも使うことがあります。150度というのは、サインでいうと5つ離れた場所です。この位置は、エレメントもクオリティも異なり、いわば何もかもが共通しない関係性となります。150度の角度を作る天体同士は、共通項のないもの同士がゆがんだ関係性を作るというニュアンスで、ハードアスペクトに分類されます。

また、これまでに見てきたアスペクトは2天体の間の角度によるものですが、複数の天体によって構成される複合的なアスペクトもあります。

グランドトライン

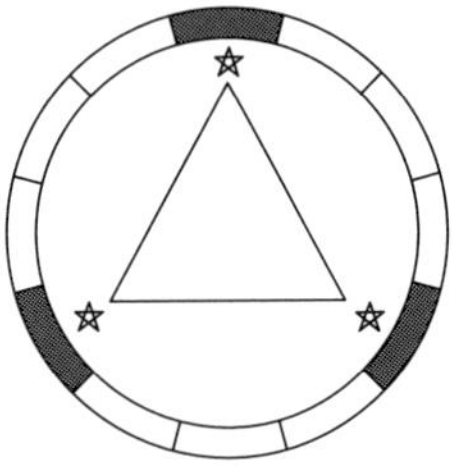

グランドトラインはその代表的な例です。３つの天体が、それぞれにトライン（１２０度）を形成し、ホロスコープ上に三角形を描くような状態をいいます。グランドトラインを持っている人物は、幸せで平和な人生を送ることができるとされています。

トラインの１２０度は、サインでいえば４つ離れた場所であり、これはエレメント（火地風水）が共通する場所でもあります。グランドトラインは、原理的には、共通のエレメントに属する３つのサインを結ぶ三角形です。そのため、該当するエレメント名をとって、風のグランドトラインなどと呼ぶことがあります。

もちろんサインをまたいでいる場合でもグランドトラインは幸せを呼ぶ三角形ですが、エレメントが統一されている場合は、そのエレメントの影響を特に強く受けた幸せを手に入れると考えられています。

グランドクロス

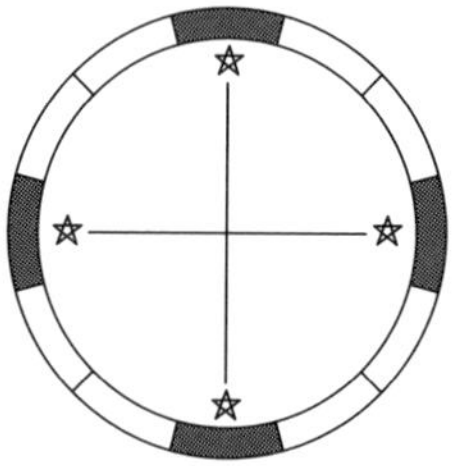

4つの天体が互いにスクエア（90度）とオポジション（180度）を形成し、ホロスコープ上に十字を描くように配置されている状態を、グランドクロスと呼びます。これは、困難が多い人生を象徴しています。

グランドクロスは、3つ離れたサイン同士を結ぶアスペクトであり、クオリティ（活動宮・不動宮・柔軟宮）が共通しているのが標準です。そのため、グランドトラインと同様に、不動宮のグランドクロスなどと呼ばれることもあります。その活動領域における困った問題を象徴すると考えられています。

Tスクエア

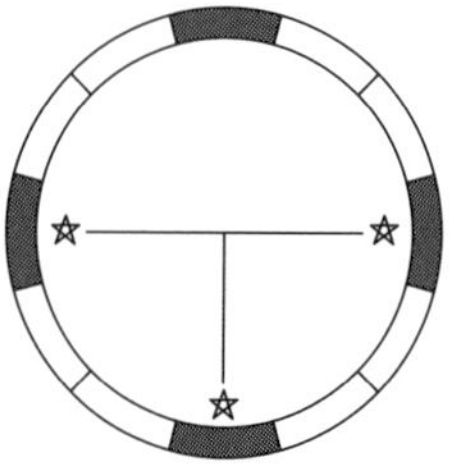

グランドクロスのうち、1つが欠けた状態をTスクエアと呼びます。これも人生における困難の暗示です。意味合いとしては、グランドクロスの下位互換であると考えてよいでしょう。

調停

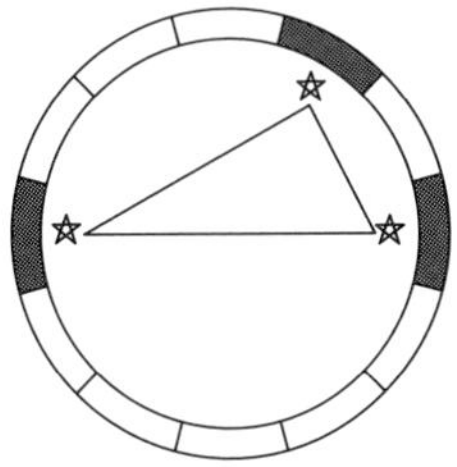

オポジションを形成する２つの天体に対して、それぞれ１２０度と60度の角度をとる天体がある場合は、そのオポジションの持つネガティブな効果が弱くなると言われます。これを調停と呼びます。調停している天体の示す分野に力を入れることで問題が解決すると解釈するとされています。

例えば、太陽と土星のオポジションを金星が調停しているなら、愛の力で社会的な制限が解消される可能性を示すという具合です。

ヨード

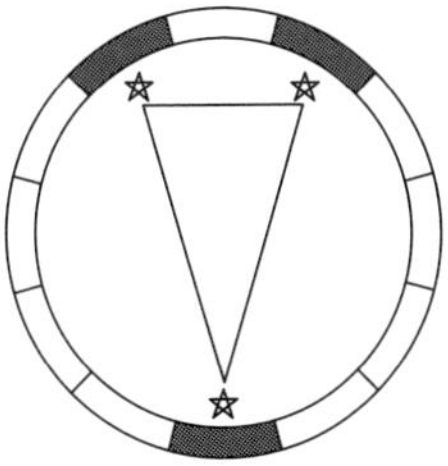

セクスタイルを作る２つの天体に対して、１５０度の角度をとる天体があり、全体でＹ字形になっている場合は、ヨードといいます。ヨードは神の手とも呼ばれ、何らかの運命に翻弄される可能性があるとされています。

カイト

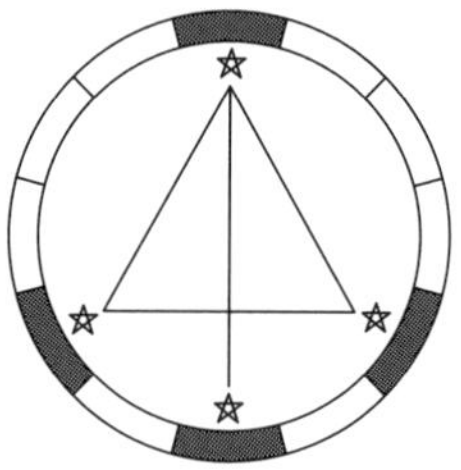

グランドトラインの頂点の一つに対して、オポジションを形成する天体が加わった状態をカイトといいます。元々恵まれている環境にあることを示すグランドトラインに、ちょっとした課題となるような刺激が加わることで、より現実的に幸運を手にすることができる形と考えられます。

ミスティックレクタングル

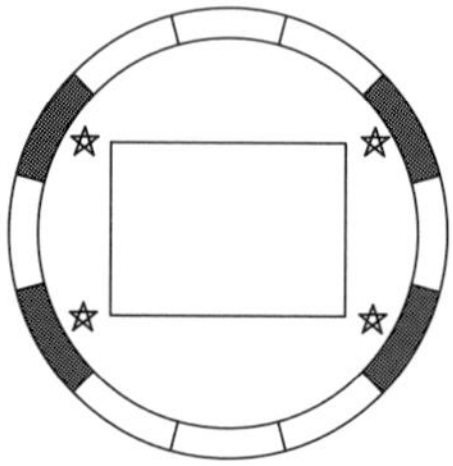

トラインとセクスタイルの組み合わせによって、長方形が形作られているアスペクトです。これに関わっている天体の力を使うことで、人生における偉大な成功をもたらすとされています。

アスペクトのリスト

本文では紹介しなかったものも含めて、2つの天体で構成するアスペクトの一覧表を掲載します。

すべてを覚える必要はありませんが、気になるものをときどき使ってみると、新しい発見があるかもしれません。

名称	度数	吉凶	意味
コンジャンクション	0度	場合による	互いを強調
トライン	120度	大吉	手を取り合う
セクスタイル	60度	吉	仲良くする
スクエア	90度	大凶	妨害する
オポジション	180度	凶	対立する
クインカンクス	150度	凶	すれ違う
セミスクエア	45度	凶	困らせる
セミセクスタイル	30度	吉	似ている
セミキンタイル	36度	吉	補助する
キンタイル	72度	吉	援助する
バイキンタイル	144度	吉	応援する
セスキコードレート	135度	凶	面倒を起こす
セファリエル	51.4286度	凶	厳しい宿命
ノナゴン	40度	吉	良いことが起こる

天体に癖をつける

重要度：★★★

序章で「星はその気にさせるが強制はしない」という格言を紹介しました。この格言が最も実感できるのは、アスペクトの解釈をするときです。

ネガティブな意味のアスペクトが持つ「その気にさせる」波動をどのように回避するかを考えることは、占星術師の大切な仕事の一つです。

アスペクトは山の中の道

アスペクトの効果は、ぴったりの角度からの誤差によって決まるという話をしましたが、実際にはよほどぴったりの角度でない限り、その効果が出ないように対策をとることで、アスペクトの影響を避けることが可能です。

人が歩くことで踏み固められた山道をイメージしてください。普段から人々がその道を使っていれば、山道はさらに道らしく踏み固められ、そこに道があることを無視できなくなります。しかし、誰も通らずに時間が経過すれば、山道には草木が生い茂り、道ではなくなっていきます。

天体同士のアスペクトについても、このようなことが起こります。

水星と火星のスクエアには、「無謀な行動をとりたくなる衝動」という効果があります。しかしホロスコープを見て、この衝動が天体の影響による間違った幻惑であると意識して、本人の意志力で回避することを繰り返していると、いつの間にかこのアスペクトそのものが働かなくなっていきます。

反対に、効果が実感できないソフトアスペクトについては、隠れた才能として改めて認識することで、アスペクトが働きやすくなることも知られています。

例えば、金星と木星のトラインがあれば、優雅な雰囲気がその人物の魅力になるはずです。しかし、トラインの誤差が大きい場合には、それがなかなか実感できずに、野暮なファッションを愛好している場合もあるでしょう。そんな人に対して、ファッションコーディネーターが似合う服を勧めるように、占星術師がアスペクトによって示されている隠れた才能を伝えることで、才能を開花させることができます。

このように、アスペクトの効果を抑制したり、働きを強めたりする操作を、「天体に癖をつける」といいます。占星術で開運するためには、この考え方をフル活用することが重要です。

ノーアスペクト

重要度：★★☆

これまで様々なアスペクトを解説しましたが、アスペクトがない状態も、それはそれで特別な状態であると考えられています。アスペクトが一つも成立していない天体を、ノーアスペクトの天体といいます。

ノーアスペクトには様々な解釈の仕方があります。ネガティブな解釈としては、他の天体と連携をとることができず、活躍の機会が少なくなってしまうというものがあります。反対に、ポジティブな解釈として、他の天体からの影響を受けることがないため、その天体本来の働きが純粋に現れるという解釈をする場合もあります。

例えば、太陽がノーアスペクトの場合、太陽が本来発揮するべき、社会的な活動においての自主性が発揮されないというネガティブな意味があると同時に、他人の影響にさらされることなく、自分らしく生きることができるというメリットもあります。

今日の占星術では、ノーアスペクトはポジティブな解釈をすることの方が多い印象があります。

各天体のノーアスペクト

太陽	自分独自の個性を生かして社会的に活動する。
月	自分だけの時間が重要で感情の起伏が激しい。
水星	社会の常識に縛られない天才的な発想ができる。
金星	自分の追求したい愛や美に没頭し続けることができる。
火星	やり場のないエネルギーを持つが、発散する対象が見つからない。
木星	夢と希望を持つが現実的にするべきことが見えにくい。
土星	力を入れて頑張るべき対象がつかみにくい。
天王星	社会を変えるような革命的アイディアが湧いてくる。
海王星	誰も考えつかないような創造性を持つ。
冥王星	暴走したくなる気持ちはあるけれど暴走しない。

ホロスコープの中でのアスペクト

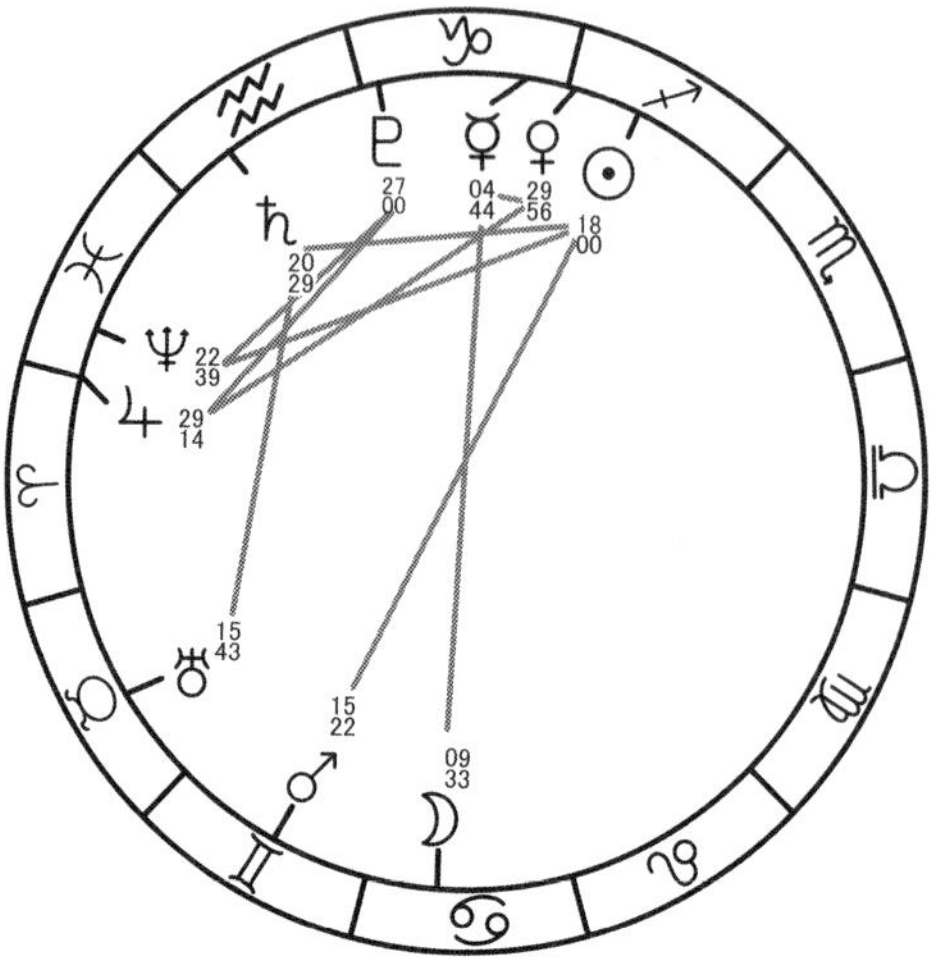

アスペクトの章の総まとめとして、実際のホロスコープの中でアスペクトがどのように表示されているかを解説します。

どのようにアスペクトを表現するかは、使用するソフトによって多少異なることがありますが、定番となっているのは、アスペクトを形成している天体同士を線で結ぶ書き方です。

アスペクトの種類は、線の色によって区別することで、一目でわかりやすく確認することができます。

また、メインのホロスコープとは別に、アスペクトだけを記した表を付加する場合もあります。

次ページの図は、それぞれの行がクロスするところを読むと、天体のアスペクトがわかるようになっています。天体の記号で斜めに分割された部分のうち、左下半分はアスペクトの種類を、右上半分は角度の誤差を示しています。

例えば、太陽と火星のアスペクトを知りたければ、太陽と火星がクロスしているところを見ると、記号はオポジション、角度の差は2度38分であることが読み取れます。

このアスペクト表の書き方は、ソフトによって千差万別ですが、ほとんどのソフトが一目で視認できるアスペクトの表を用意しています。これを活用して、アスペクトを素早く理解しましょう。

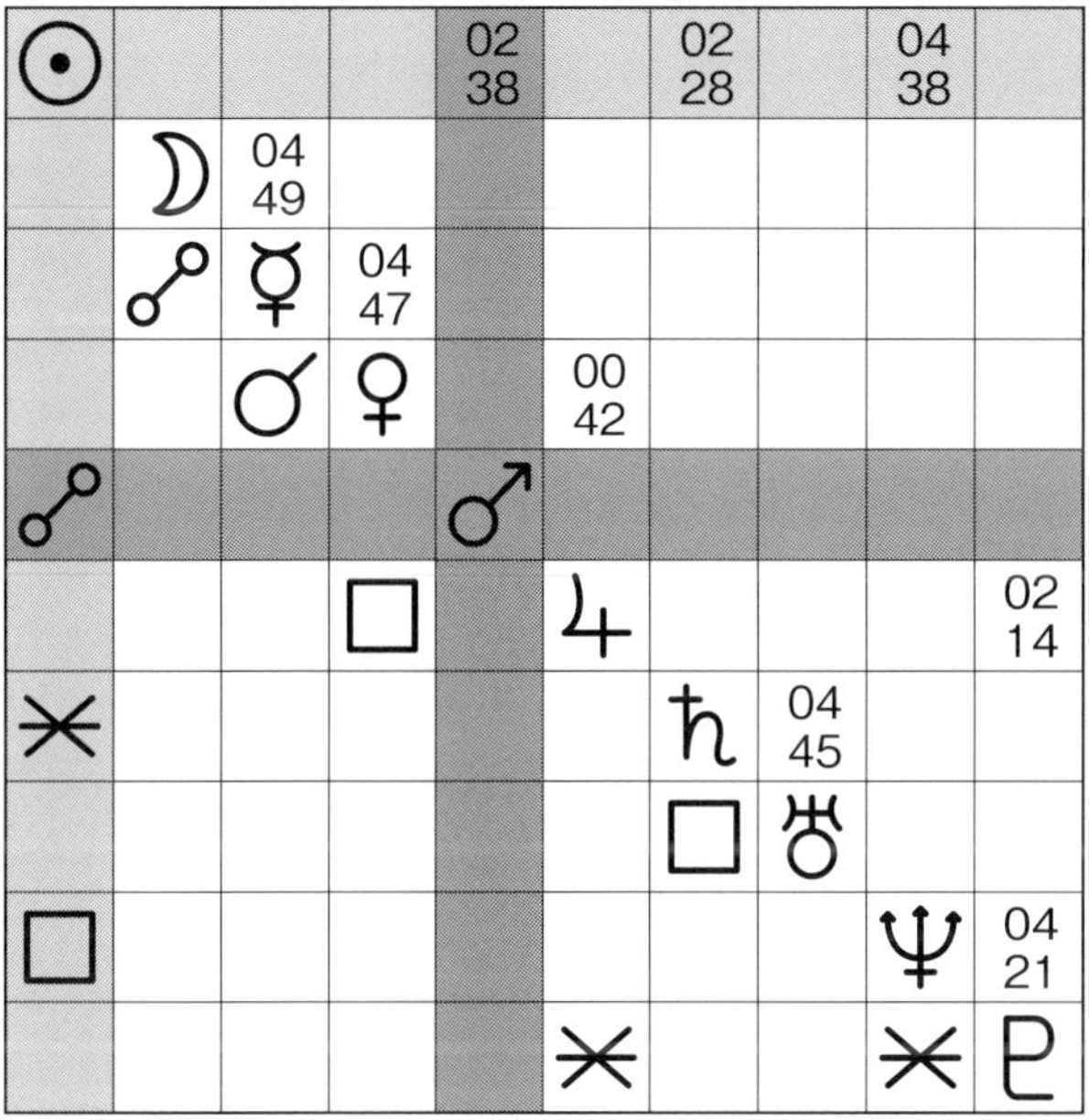

第4章の振り返りテスト

問題1

天体同士が特定の角度を作り、互いに提携することを
（　　　　　　　　　　）を形成するという。

問題2

天体同士が0度の角度で形成するアスペクトは?

（　　　　　　　　）

問題3

トラインを形成する天体同士の角度は?

（　　　　　　　　）度

問題4

5つのメジャーアスペクトで最も悪い意味を持つのは、
（　　　　　　　　）度で形成される（　　　　　　　　）

問題5

オポジションとなる天体に対して、トラインとセクスタイルを同時に形成して割って入る天体がある状態を（　　　　　）といい、オポジションの負の効果が弱くなるとされている。

問題6

天体同士がアスペクトを持っていない状態を、
（　　　　　　　　　　　　）といい、これはこれで意味がある。

第5章

ハウス

専用の学習ページでは…

登録した生年月日の各ハウスの状況を計算して表示します。カスプのサインやハウスのルーラー、そして滞在している天体が一目瞭然でわかるようになっています。

ハウスとは何か

いよいよ占星術の三大要素の最後の一つである、ハウスの説明です。

ハウスとは、極めてシンプルにいえば、ホロスコープを第1ハウスから第12ハウスまでの12の部屋に分割するという概念です。それぞれのハウスは、人生における様々な出来事や、活動の実態を占う際に参照します。例えば、第1ハウスは自分自身を示す部屋で、第7ハウスはパートナーシップを表す部屋という具合です。

ハウスはカスプから始まるエリア

重要度：★★★

ハウスには、境界となるポイントを示す、「カスプ」というものがあります。カスプとは「尖った点」という意味の言葉です。

生まれた瞬間の東の地平線に昇っていたサインを第1ハウスのカスプとして、それを基準に12のカスプの位置が計算されます。これらの度数は、すべて天体と同様にサインと度数を使って表現されます。そして、第1ハウスのカスプから第2ハウスのカスプまでのエリアが、

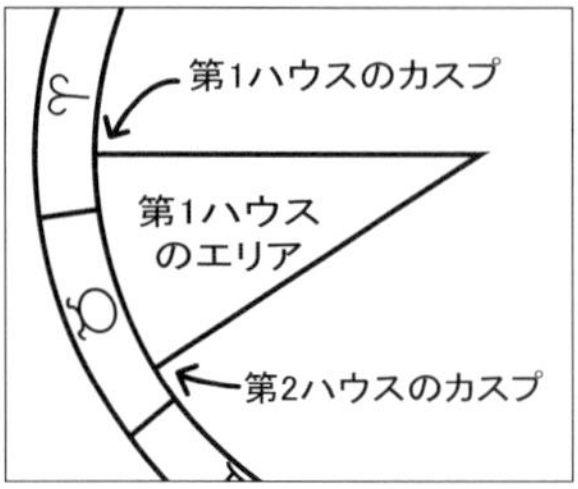

第１ハウスと呼ばれるわけです。

サインの境界線は30度ずつ等間隔に定められていますが、ハウスのカスプは間隔がバラバラです。それゆえ、ハウスの大きさは、均一なピザ型ではありません。この計算方法は数学的に高度なため、天体の位置を調べるのと同様に、あらかじめ学者が計算したデータを利用するか、ソフトで計算します。

天体に与える影響

重要度：★★★

サインは、天体の性格や雰囲気に影響を与えるものでした。それに対してハウスは、天体が主にどこで働くかを示すものです。

各ハウスに滞在している天体は、そのハウスが支配している分野で活動しやすくなります。例えば、幸運の星である木星が、金運を表す第２ハウスに滞在しているなら、その人物の人生で起こるラッキーが「お金に関する分野」で発生しやすくなるという具合です。もちろんこれは、天体の活動場所を限定するものではありません。木星が２ハウスにあるからといって、仕事や恋愛で全く幸運がないということではないので安心してください。

カスプが重要

重要度：★★★

「尖った点」という名前にふさわしく、各ハウスの持つ力はほとんどがカスプに集約されています。ハウスにおいては、この始まりのポイントであるカスプがとても重要です。各ハウスのパワーは、ほとんどがこのカスプに集約されているからです。

ハウスの意味は、カスプから離れれば離れるほど弱くなります。そして、少し小難しいことですが、ハウスの終わり付近では、もはやそのハウスの力よりも、より近くにある次のハウスのカスプの力の方が強くなってしまうという現象が起こります。

具体的には、次のカスプの5度前からは、そのハウスの影響が強くなると考えられています。そのため、カスプの5度前に到達した時点で、その天体は次のハウスに滞在していると考えます。これを5度前ルールといいます。

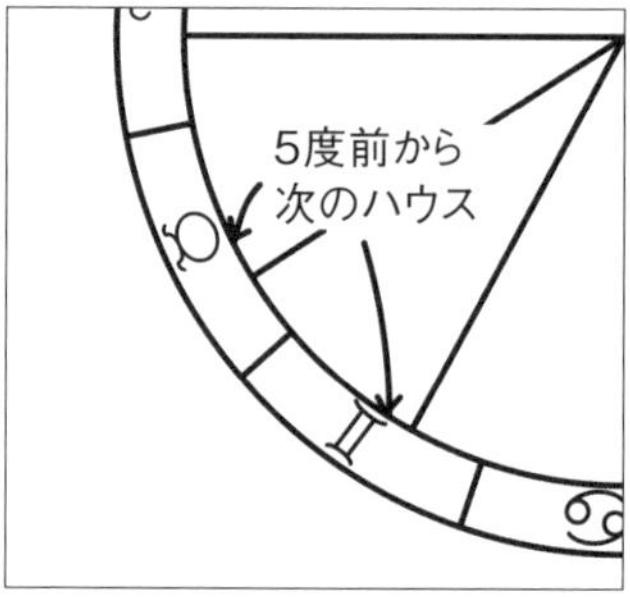

特別なカスプ

重要度：★★★

生まれた瞬間に、ちょうど東の地平線と重なるサインの度数が、第1ハウスのカスプです。

このポイントは、アセンダントという特別な名前がつけられており、12のカスプの中でも特別なものと考えられています。

カスプの中には、このように特別な名前がつけられたものが、全部で４つ存在します。これらをまとめてアングルと呼びます。

アセンダントのちょうど反対側、生まれた瞬間の西の地平線の位置はディセンダントといい、これが７ハウスのカスプです。アセンダントとディセンダントなど、６ハウス離れた反対側のカスプは、必ずぴったり１８０度離れて向かい合います。

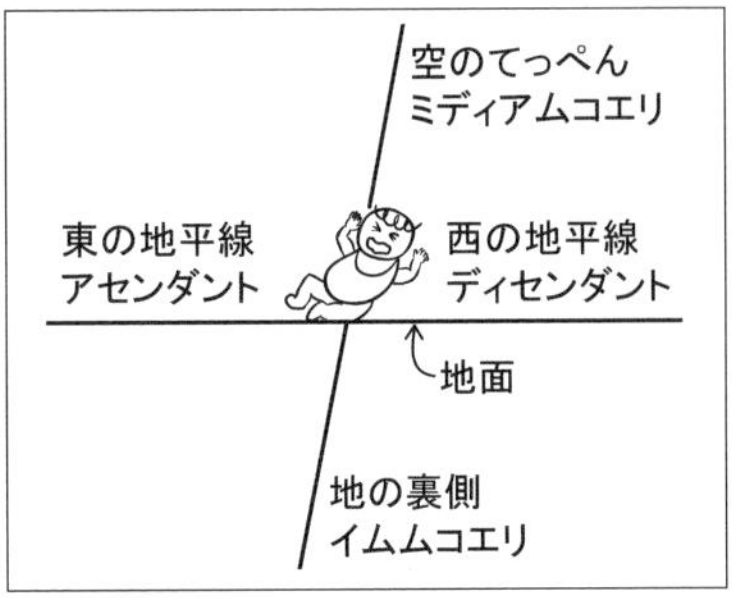

太陽が一番高く昇るときの場所は、ミディアムコエリといいます。通常はＭＣと書きますが、これがすなわち、10ハウスのカスプです。反対側の点は、イムムコエリといい、ＩＣと書きます。これが４ハウスのカスプです。

カスプとサイン

重要度：★☆☆

カスプも天体と同様に、位置するサインによって影響を受けることがあります。特に有名なものとして、１ハウスのカスプ（アセンダント）が滞在しているサインから、その人物の風貌を読み取ることができるというものがあります。

一般的には4つのアングルのサインを占いの材料にすることが多いです。本書ではややマイナーなものも含めて、12のカスプすべてについて、位置するサインごとの意味を解説していますので、是非とも参考にしてください。

ハウスルーラー

重要度：★★☆

ハウスには、そのハウスの支配者となる天体、すなわち「ハウスルーラー」というものが存在します。これらはサインの支配天体とは違って、1ハウスは月などというように、あらかじめ決まっているものではありません。各ハウスのハウスルーラーとなる天体は、ホロスコープの状況ごとに異なります。

具体的には、カスプが位置するサインのルーラーとなる天体が、そのホロスコープにおけるハウスルーラーとなります。例えば、5ハウスのカスプが獅子座にあったなら、獅子座のルーラーである太陽が、5ハウスのカスプのハウスルーラーとなるのです。

ハウスルーラーとなっている天体のディグニティや、他の天体とのアスペクト、サイン状況などの様々な状態を鑑定することで、そのハウスが扱っているテーマがうまくいくかどうかを鑑定することができます。

ハウスシステム

重要度：★☆☆

アングル以外のカスプの計算については、様々な計算の仕方が知られています。これを「ハウスシステム」といいます。

ハウスシステムには、日本やアメリカで主に使われる、現代占星術の主流であるプラシーダス方式や、ホラリー占星術などの古典でよく用いられるレギオモンタナス方式、高緯度地帯でのゆがみを軽減するコッホ方式など、たくさんあります。本書では、プラシーダス方式を推奨しています。

プラシーダス方式の具体的な計算方法については、三角関数と漸化式の知識が必要で、数学的に難しすぎるため覚える必要は全くありません。

ハウスとは何か ☆ 補講

サインは宇宙の住所・ハウスは地上から見た方角

サインは、宇宙レベルでの天体の位置を記録する住所です。ある瞬間、太陽が獅子座にあるとしたら、それは地球のどこから見ても変わりません。日本でもブラジルでも、8月1日生まれは獅子座です。

しかし、実際にその太陽が地上から見えるかどうかは、観測する地域に依存します。日本から見たときに、太陽が空のてっぺんにあれば、同じ瞬間にブラジルからは太陽が見えないことになります。

このように、天体が空のどこに見えたかを細かく示すために用いるのがハウスです。

そのため、ハウスの正確な計算には、生まれた時刻と出生地の緯度経度の情報が必要になります。

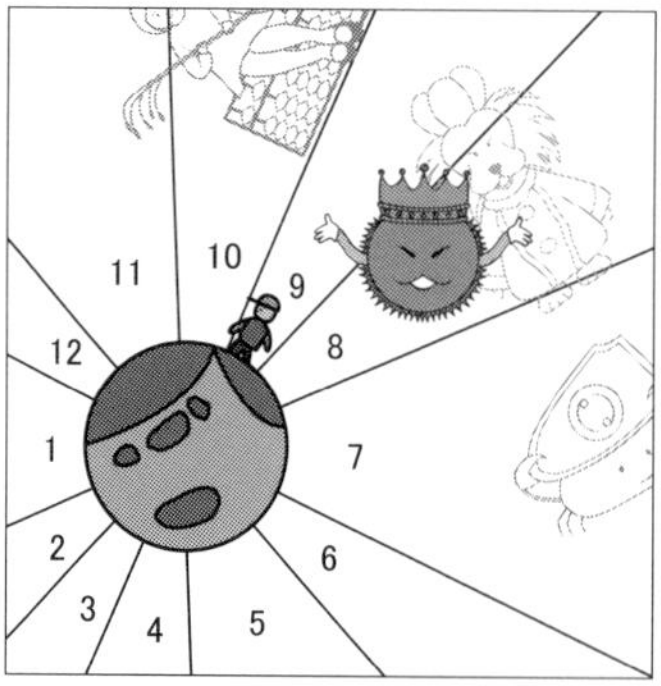

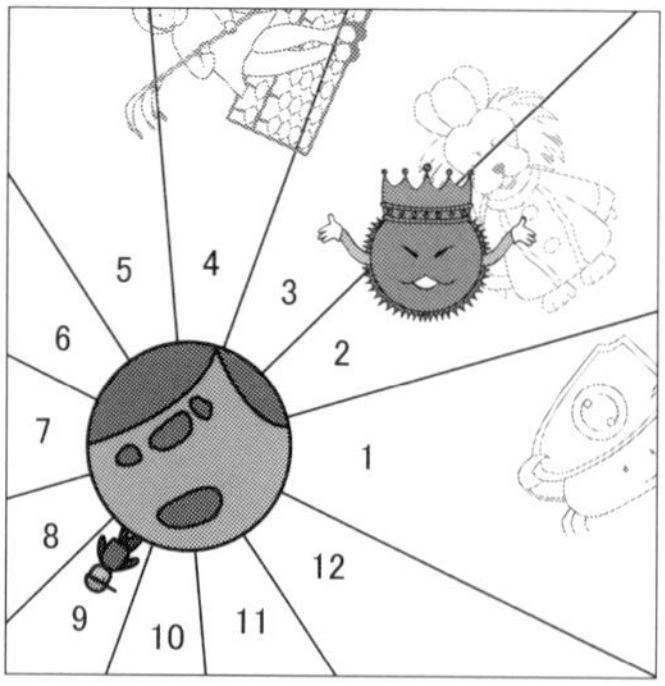

地球のどこで計算するかによってハウスが変わる

「ハウス状況」という概念

本書では、占星術の基本は天体の状態を分析することと説明し、ハウスはそのための分析ツールであると語ってきました。

しかし、ハウスルーラーとなる天体の状況や、ハウスに滞在している天体などの状態を見定めることを、「ハウスの状況を分析する」と表現することもあります。この表現では、ハウスが主役で、天体を使って分析しているという主従の逆転が起こります。実際、こちらの考えの方がわかりやすいこともあるかもしれません。

筆者としては、占星術の基本は天体の分析であるとシンプルに捉えた方がわかりやすいという考えのもと、全体で統一した表現をしています。

しかし、究極のところ、**天体とハウスの関係についてはどちらの立場に立っても、最終的な占いの答えには影響しません。**この部分については理解しやすい方で覚えてください。

反対側のハウス

反対側のサイン同士は、相反する意味を持ち互いを補足する関係にありましたが、ハウスにもこの傾向が見られます。

ハウスと時刻・地理の関係

ハウスの計算には、生まれた瞬間の東の地平線に昇っているサインを基準にするわけですから、出生時刻と場所の情報が必要です。

出生時刻が4分変わるごとにアセンダントの度数が約1度変わります。また、出生地の経度の増減は、そのままアセンダントの度数に影響します。

出生地の緯度については、プラシーダスの2ハウスや3ハウス等のカスプ計算に影響を与えます。

その他、少し話は異なりますが、出生地による時差を考慮することも大切です。

記入してみよう

	天体	カスプのサイン		天体	カスプのサイン
1ハウス			7ハウス		
2ハウス			8ハウス		
3ハウス			9ハウス		
4ハウス			10ハウス		
5ハウス			11ハウス		
6ハウス			12ハウス		

出生時間がわからない場合

ハウスの計算には、生まれた時刻と場所の情報が必要になります。何時に生まれたかわからない人に対しては、日の出時刻で計算する方法や、正午で計算する方法などが試みられてきました。

本書では、天体の位置そのものは正午で計算しつつ、太陽の度数は、日の出時刻の位置である東の地平線に重ねるという手法で計算します。

この方法を使うと、その人物の行動パターンが、客観的に正しく表示されやすい傾向にあります。もちろん、正しい出生時刻がわかるに越したことはないのですが、最善を尽くした結果、どうしてもわからない場合には、この方法で出した仮のハウスが正しい運命を示してくれるでしょう。占いの持つ神秘的な巡り合わせは不思議なもので、そのときの最善を尽くして導いた答えは、論理的な整合性を超えて正しい未来を示してくれるものなのです。

自分自身の生まれた時間がわからない場合はもちろん、恋人の生まれた時刻などは通常わかりません。そのような場合でも占星術を活用するためには、このハウス計算のルールを採用することをおすすめします。

1st house

第1ハウス

【 自分自身を表すハウス 】

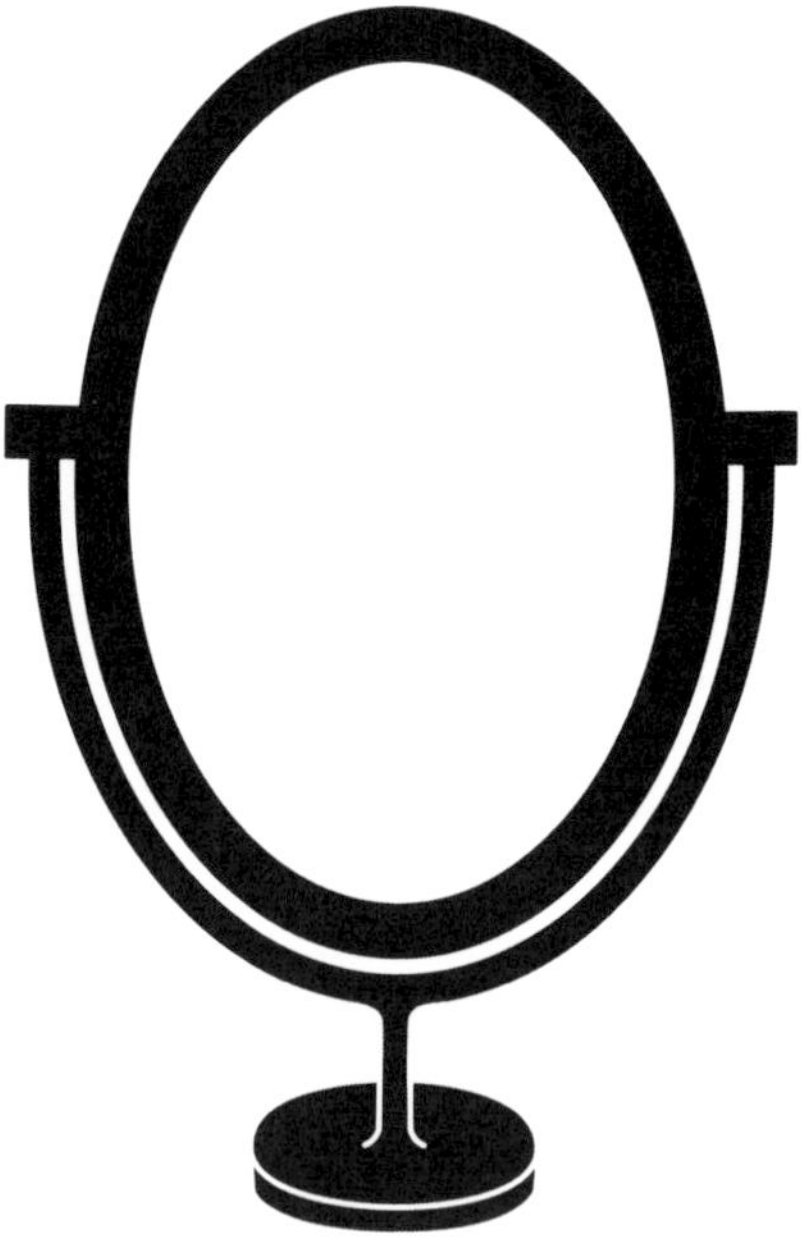

関連するもの

自分自身／肉体／アイデンティティ／

個性／出生時の境遇／身につけているもの

東の地平線である、アセンダントをカスプに持つこのハウスは、最も重要で特別なハウスです。第１ハウスは、その人物が生まれながらにして持っている素の自分の特徴を示すとされています。

１ハウスに滞在している天体は、その人物の第一印象に大きな影響を与えます。たくさんの天体が１ハウスにあるなら、その人物はどこにいても目立つ印象深い人物と考えることができるでしょう。

また、出生時の秘密を示すともいわれており、アセンダントに凶星が重なっていると、難産の末に生まれたことを暗示している場合もあるようです。アセンダントから前後５度以内にある天体を「ライジング」といい、より強力な影響力が与えられると考えられています。これについては後に詳しく説明します。

また、アセンダントのサインによって、その人物の風貌を見抜くことができるともいわれています。ルッキズム等、差別につながる占いにならないように、十分に配慮する必要があるテーマですが、人間の魂が生み出す風貌の特徴をイメージする際には十分に参考になるでしょう。

太陽	仕事で評価される。太陽の状態がよければ若くして成功する。
月	自分の感情を主張する人物という印象を与える。
水星	水星の状態が良ければすごく賢い印象、悪ければ愚かな印象を与える。
金星	美貌に恵まれる。魅力的な人に囲まれた人生を過ごす。愛され上手。
火星	自己主張が強い。困難な課題に臆せずに突き進む。
木星	人がうらやむ人生。品行方正で高貴な印象。
土星	克服するべき問題を必死に乗り越える点に注目が集まる。
天王星	変わり者という印象を与えることもあり、目立ちやすい。
海王星	周囲からは非現実的な考え方の人物に見えることもある。
冥王星	独自の人生観を守る孤高の存在であるかのように見られる。

カスプのサイン　風貌の特徴

♈	牡羊座	自信に満ちた血色のよい外観
♉	牡牛座	おしゃれで優雅な外観
♊	双子座	スレンダーで若々しい爽やかな外観
♋	蟹座	ソフトで優しく丸みのある外観
♌	獅子座	力強く自信に満ちた外観
♍	乙女座	控えめで堅実な外観
♎	天秤座	おしゃれながらも目立ちすぎない外観
♏	蠍座	あどけなく線が細い外観
♐	射手座	スポーティーで情熱的な外観
♑	山羊座	骨張っていて威厳を感じさせる外観
♒	水瓶座	個性がきらめく風変わりな外観
♓	魚座	人を惹き付ける愛嬌のある外観

2nd house

第2ハウス

【所有物を表すハウス】

関連するもの

金銭／物質的な価値／現金などすぐに使える資産／

自尊心／富／才能や人的資源

第2ハウスは、金運や所有に関することを司るハウスです。所有といっても、お財布の中に入っているお金など、日常レベルの消費に関する金銭が第2ハウスのテーマです。山などの不動産や、先祖伝来の財産、経営権などを示しているものではないと考えるのが一般的です。先祖伝来のものなどは、反対のハウスである8ハウスが担当します。

このハウスに滞在している天体は、経済的な事象においてその力を発揮するようになります。たくさんの天体が入っているなら、金銭に関して、何かドラマチックな出来事があるかもしれません。

しかし、天体が何もないからといって、貧乏であるということではありません。天体の数がすなわちお金の運に直結するということではなく、お金に関することで、どのような出来事が起こるかを判断するというのが正しい解釈です。

それ故に、天体がないことよりも、マイナスの天体が存在することの方が問題になる場合があります。

カスプのサインによって、その人物の稼ぎ方と消費の仕方を判断することもあります。

太陽	仕事や社会的地位に連動した金運。
月	メンタルの影響を受けやすく不安定な金運。
水星	知性をお金のために活用し、そうして得た知識によって獲得する金運。
金星	愛やセンスと連動する金運。
火星	一攫千金を狙うタイプの金運。
木星	富に恵まれた人生を過ごす。投資による成功も見込める。
土星	努力で切り開く金運。
天王星	大きな波がある金運。
海王星	絵に描いた餅や捕らぬ狸の皮算用の金運。
冥王星	渇望感を持って命がけになる金運。

カスプのサイン　稼ぎ方と使い方

♈	牡羊座	根性で稼ぎ、細かく浪費する
♉	牡牛座	計画的に稼ぎ、しっかり蓄える
♊	双子座	副業で稼ぎ、知識に投資する
♋	蟹座	保守的に稼ぎ、家族のために使う
♌	獅子座	派手に稼ぎ、見栄のために使う
♍	乙女座	計算高く稼ぎ、計画的に使う
♎	天秤座	社交術で稼ぎ、人付き合いに使う
♏	蠍座	技術で稼ぎ、趣味に使う
♐	射手座	楽しく稼ぎ、衝動買いを繰り返す
♑	山羊座	現実的手法で稼ぎ、自分に投資する
♒	水瓶座	アイディアで稼ぎ、道具に投資する
♓	魚座	いつの間にか稼いで、騙されて損をする

3rd house

第3ハウス

【 手の届く範囲の出来事を表すハウス 】

関連するもの

会話／兄弟姉妹／日常の移動／
初等教育／周辺の環境／隣人

第３ハウスには、コミュニケーションや移動など、様々なテーマがありますが、それらを束ねる根本的なメインテーマは、日常生活における手の届く範囲の出来事です。具体的には次のことが、３ハウスの主な支配対象です。

・通勤などの日常的な移動
・近所の人や、兄弟などの身近な人物
・日常レベルで興味を惹くもの

非日常の旅行や、日常世界では役に立たない高度な学問などは、反対側の９ハウスが担当します。

実占では、興味を持ったものに対しての知識や、関わる人とのコミュニケーションがどのように行われるかを占う際に参照します。３ハウスにある天体は、勉強や会話の中でその効力を発揮しやすくなります。このハウスに滞在する天体が豊かであれば、その人物の日常生活がドラマチックなものになりやすいとも解釈できます。

３ハウスのカスプのサインについては、読解方法の定説はありません。本書では、その人物がどのようなものに興味を抱くかを読み取る際の解読のヒントを示します。

太陽	研究熱心で勉強好き。知識を重視する人生。
月	知識欲を満たすことや、コミュニケーションをとることで心を満たす。
水星	頭脳労働に天性の才を発揮し、コミュニケーション力も高い。
金星	周囲の人を深く受け入れて、身近なところに愛が満ちている。芸術を深く愛し、愛の表現を真摯に学ぶ。
火星	勉強熱心によく学び、知識を生かして積極的に議論する。
木星	教養を身につけることで人生が大成功する。
土星	学びを受ける環境に恵まれにくい。周囲と話が合わない。
天王星	ちょっと変わったサブカルなどを勉強する。
海王星	オカルトや神秘世界について勉強する。
冥王星	創意工夫をこらしてわかりやすく物事を体系化する。

カスプのサイン　興味を惹くもの

♈	牡羊座	心を刺激する楽しいもの
♉	牡牛座	贅沢で美しいもの
♊	双子座	最新の情報や豆知識
♋	蟹座	感動できるもの
♌	獅子座	知っていると褒められるもの
♍	乙女座	資産形成や健康に関するもの
♎	天秤座	平和でおしゃれなもの
♏	蠍座	世の中のタブーや秘密
♐	射手座	異文化のもの
♑	山羊座	高品質のものや伝統的なもの
♒	水瓶座	珍しいもの全般
♓	魚座	芸術的で心が動くもの

4th house

第４ハウス

【 人物のルーツを表すハウス 】

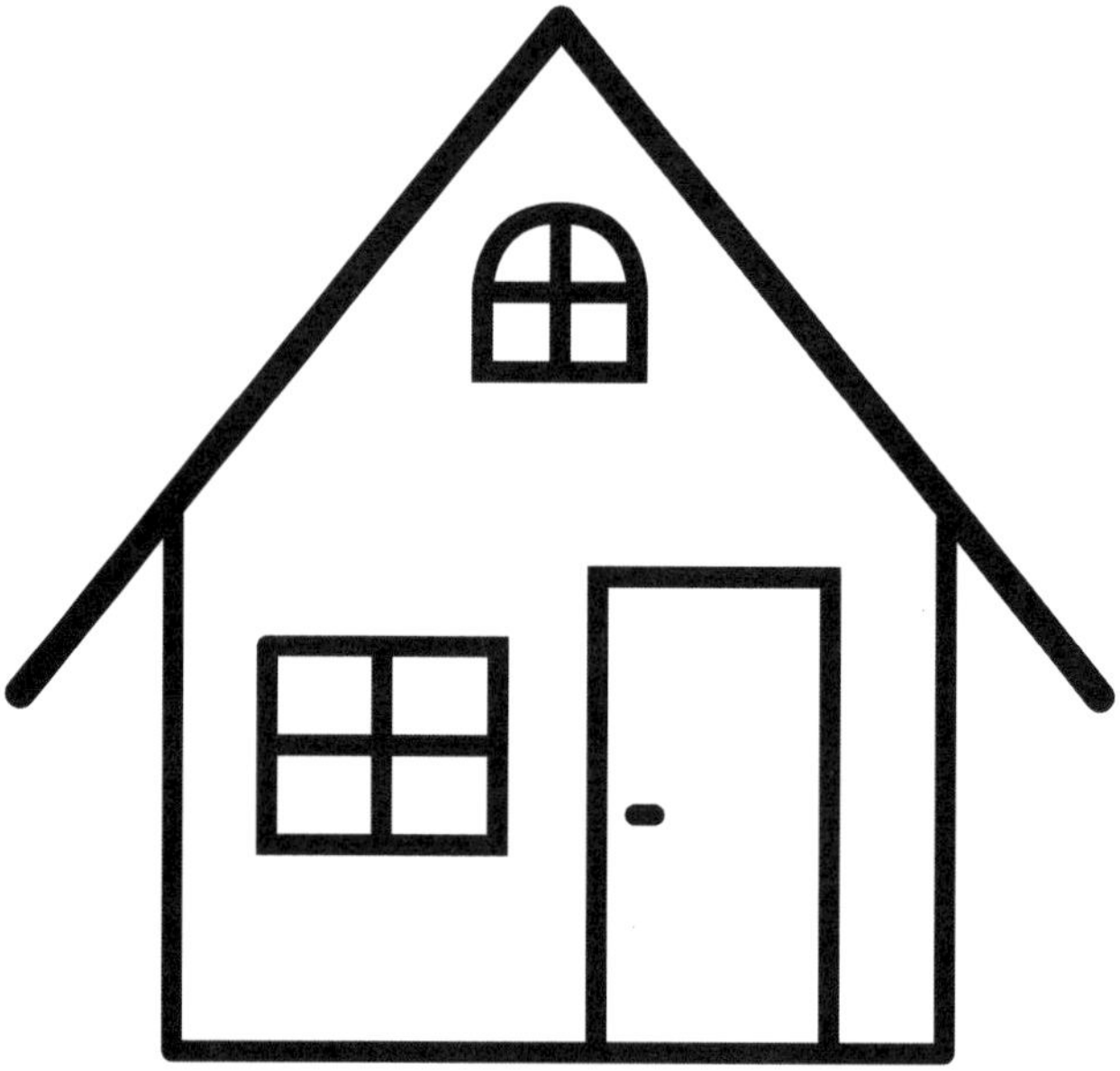

関連するもの

家庭／両親／自分のルーツ／

幼児期／遺伝的傾向／土地

第４ハウスは、ホロスコープ上の最も低いところに位置します。そのことから、人物のルーツを表すハウスとされています。

多くの人にとって、人生の根となるものは、幼少期の家庭環境の中で作られることでしょう。そのことから、４ハウスは家庭のハウスとも呼ばれています。特に実家との関連が深く、育ててくれた両親や、遺伝的につながりのある先祖などを示すこともあります。家庭のハウスとはいっても、結婚後に自分が作る家庭の雰囲気をこのハウスから直接読み取ることはほとんどありません。結婚後に自分が作る家庭は、パートナーシップを表す７ハウスで読み取ります。

このハウスにある天体は、その人物の家庭生活、特に幼少期の環境形成の中でその効力を発揮します。その影響は、単なる幼少期の思い出にとどまらず、大人になってからの人生にも影響を与えるような出来事であると考えられます。

親から与えられている影響を読み取る場合にも、このハウスを参照するのがよいでしょう。カスプであるＩＣ（イムムコエリ）は、その人物のルーツとなる家庭像をイメージすることができます。

太陽	親の社会的状況の影響が強い家庭。家を継ぐ可能性。
月	精神の状態が幼少期の家庭環境の影響を受ける。温かく包まれるような家庭の思い出。月の状態によってはその逆もあり得る。
水星	幼少期から賢さが注目された人生。教育熱心な家庭。
金星	優しさと愛に包まれた幸せな家庭に育つ。インテリアの美しい家。
火星	争いが多く落ち着かない家庭。
木星	幸福と発展の運気が満ちた幸福な家庭。
土星	門限が厳しいなど教育上の制限が多く、我慢が多い家庭環境。
天王星	独自のルールが存在し、同時代の普通とは違う家庭環境。
海王星	何かしらの秘密がある家庭環境、もしくは孤独な幼少期。
冥王星	孤独で寂しい家庭。トラウマのある家。

カスプのサイン　育った家庭環境

♈	牡羊座	明るく陽気な家庭
♉	牡牛座	落ち着いた堅実な家庭
♊	双子座	知性が満ちた活気のある家庭
♋	蟹座	愛に満たされた優しい家庭
♌	獅子座	派手で目立つ家庭
♍	乙女座	細かいルールがある家庭
♎	天秤座	パーティーの多い家庭
♏	蠍座	それぞれが自分の世界を持つ家庭
♐	射手座	転居などイベントの多い家庭
♑	山羊座	生真面目な家庭
♒	水瓶座	新しい試みが多い家庭
♓	魚座	みんなが一つになる家庭

5th house

第５ハウス

【 エンタメとレジャーを表すハウス 】

関連するもの

遊び／クリエイティブ／スポーツ／

自己表現／子孫／恋愛

第5ハウスは、人生における楽しみを表すハウスです。このハウスに滞在している天体は、人生をより楽しいものにするためにその力を発揮します。

一口に楽しみといっても、5ハウスが扱う内容は多岐にわたります。趣味やレジャーのようなわかりやすい楽しみも5ハウスのテーマですが、それだけでなく創作活動や恋愛、さらには、恋愛の結果として生み出される子供についても5ハウスの管轄です。

創作活動の結果として作り出される作品の運命を占う必要があるなら、それも5ハウスを参照して判断します。創作における成功を願うなら、このハウスに欠陥がないことが重要です。もしネガティブ要素があるなら、それを回避する方法を考えましょう。ただし、この創作活動というのは、あくまでもクリエイティブで楽しい気持ちで作っているものが対象です。調査報告書や会計帳簿など、労働の結果として完成する成果物は、基本的にこのハウスの対象ではありません。

このハウスも、カスプのサインによって何を占うのか、一般化されたルールはありませんが、本書では何に楽しみを見いだす人物であるかを占う参考例を紹介します。

太陽	人生のメインテーマとして全力を注ぐ対象が娯楽であり、楽しみの多い人生を過ごす。
月	心の底から夢中になってリラックスできるのが娯楽の時間であり、好きなことに没頭できさえすれば人生の満足度が高くなる。
水星	知的好奇心や知的能力を発揮する場所が娯楽で、新しいことを知り、賢くなっていく自分を楽しむ。
金星	愛することや愛されることこそが娯楽で、恋愛至上主義になりやすい。
火星	心が熱くなるようなスリルの欲求を娯楽で満たす。
木星	物作りや娯楽が非常にうまくいく。
土星	娯楽を努力の対象と捉えて、真面目に一生懸命に稽古する。
天王星	現代アートなど、ありきたりではないものを楽しむ趣味人。
海王星	退廃的な芸術やすさんだ文化を楽しむ。お酒にはまる恐れ。
冥王星	危険が大きい状況に喜びを感じ、快楽を追求する。

カスプのサイン　楽しみを感じるもの

♈	牡羊座	元気に明るく過ごすことを楽しむ
♉	牡牛座	グルメなど五感の刺激を楽しむ
♊	双子座	パズルなど頭を使うものを楽しむ
♋	蟹座	感情を揺さぶるドラマなどを楽しむ
♌	獅子座	心がスカッとするエンタメを楽しむ
♍	乙女座	批判や分析を楽しむ
♎	天秤座	おしゃれな空気を楽しむ
♏	蠍座	秘密のおしゃべりを楽しむ
♐	射手座	限界に迫る挑戦を楽しむ
♑	山羊座	伝統と格式を楽しむ
♒	水瓶座	珍しいものを楽しむ
♓	魚座	心酔することを楽しむ

6th house

第6ハウス

【 奉仕を表すハウス 】

関連するもの

奉仕活動／仕事／職場環境／

チームワーク／健康

第６ハウスは奉仕のハウスです。有償無償を問わず、誰かのために尽くすサービスを行うことが、このハウスの主な意味です。

奉仕という言葉から想像しやすいボランティア活動を示すこともありますが、実占ではシンプルに仕事を示すことがほとんどです。そのため、一般には労働のハウスともいわれています。このハウスに入っている天体は、人に奉仕するという活動の中でその本領を発揮します。また、周囲の人との関わりもこのハウスの重要なテーマであり、共同作業におけるチームワークもこのハウスが管轄していることの一つです。

カスプが位置するサインから読み取れるものについて、明確な定説はありませんが、本書ではどのように労働を行うかを読み解くヒントを掲載します。

６ハウスのもう一つのテーマとして、伝統的に健康に関することが示されるともいわれています。しかし、これは占いよりも医学が正確な答えを出す分野です。かつては占星術が医療の重要なパートを担っていた時代もありますが、現代の占星術では過信するべきではありません。

太陽	誰かのために奉仕するという生き方を選ぶ。
月	人に奉仕する自分を愛し、他者からの評価で自己肯定感を高める。
水星	才能や知性を誰かの役に立つことのために活用する。
金星	愛することが奉仕することと連動していて、好きな人に尽くす。
火星	自分を省みず、猛烈な勢いで労働することに意欲を燃やす。
木星	自分が持っている恵まれた能力や富を他人に提供する。
土星	誰かのために尽くすことや働くことに努力を捧げる。
天王星	自分にしか生み出せないような特殊な能力を人のために役立てる。
海王星	心を麻痺させて、つらさを忘れて奉仕する。
冥王星	人知を超えた究極の活動として奉仕することを選ぶ。

カスプのサイン　労働スタイル

♈	牡羊座	考えるより先に手を動かす労働
♉	牡牛座	安定的な環境でじっくり労働
♊	双子座	気配りが要求される労働
♋	蟹座	繊細な心を生かした労働
♌	獅子座	周囲の人を巻き込んで労働
♍	乙女座	徹底的に管理された労働
♎	天秤座	みんなで助け合って労働
♏	蠍座	好きなものを追求して労働
♐	射手座	新しい挑戦に満ちた労働
♑	山羊座	根回しをしながら慎重に労働
♒	水瓶座	創造性を生かした労働
♓	魚座	人や社会のためになる労働

7th house

第７ハウス

【 パートナーシップのハウス 】

関連するもの

一対一の関係性／婚姻と結婚生活／相手／
ライバル／その他の人間関係

第７ハウスのメインテーマはパートナーシップです。人間関係の中でも、「相手」という表現ができるような１対１の関係性を占うときに参照します。

実占では、結婚のハウスとして参照されることが多いです。結婚相手の雰囲気や、その相手とのパートナーシップのあり方を占う際に重要な役割を果たします。

このハウスは、結婚相手の他にも、特定のライバルや、仕事で向き合う相手との関わりを占うこともあります。これらが結婚相手と同じハウスなのは不思議に思うかもしれませんが、７ハウスのメインテーマは、あくまでも相手との関係性です。人と１対１で向き合わなければならない場面で、どのような振る舞いをする人物なのかを表すのが根本であると考えると、７ハウスを理解しやすくなるでしょう。

どんな相手とどんな結婚生活を送るかのすべてがわかるわけではありませんが、７ハウスでは、相手の特徴よりも、相手に向き合う自分を知ることができます。また、結婚運を占うには総合的な判断が重要です。

７ハウスのカスプであるディセンダントが位置するサインは、どのようなパートナーシップを求めているかを占うのに参考になります。

太陽	パートナーシップの中で社会的な活動が花開く。共同事業や結婚による開運。
月	パートナーシップの中で自己肯定感が高まり安心する。幸せな結婚。
水星	パートナーとの協力において知性が発揮される。知識人との結婚。
金星	パートナーとの関係が愛に満たされる。幸せな結婚。ファンが協力してくれる。
火星	ケンカの衝動がパートナーに向けられる。争いの多い結婚生活。協力者とのケンカ。
木星	人生における幸福がパートナーとの間にある。恵まれた結婚生活。パートナーがもたらす富。
土星	努力や苦労を強いられることがパートナーとの間に起こる。スムーズではない結婚。パートナーとの関係での苦労。
天王星	パートナーの前で変人になる。赤ちゃんプレイなどの倒錯した結婚生活。
海王星	曖昧ではっきりしない関係性。同棲生活などの不安定な関係性。口先ばかりの家族計画。
冥王星	駆け落ちや国際結婚、格差婚など大きな変化が伴う結婚やパートナーシップ。

カスプのサイン　求めるパートナーシップ

♈	牡羊座	気の置けないパートナーシップ
♉	牡牛座	誠実で保守的なパートナーシップ
♊	双子座	変化の多いパートナーシップ
♋	蟹座	お互いを守り合うパートナーシップ
♌	獅子座	華やかで見栄えのよいパートナーシップ
♍	乙女座	慎重で心配りの行き届いたパートナーシップ
♎	天秤座	おしゃれで完璧なパートナーシップ
♏	蠍座	互いの欲望を満たすパートナーシップ
♐	射手座	互いに自由なパートナーシップ
♑	山羊座	堅実なパートナーシップ
♒	水瓶座	風変わりなパートナーシップ
♓	魚座	夢見心地のパートナーシップ

8th house

第８ハウス

【 自分を支配するもののハウス 】

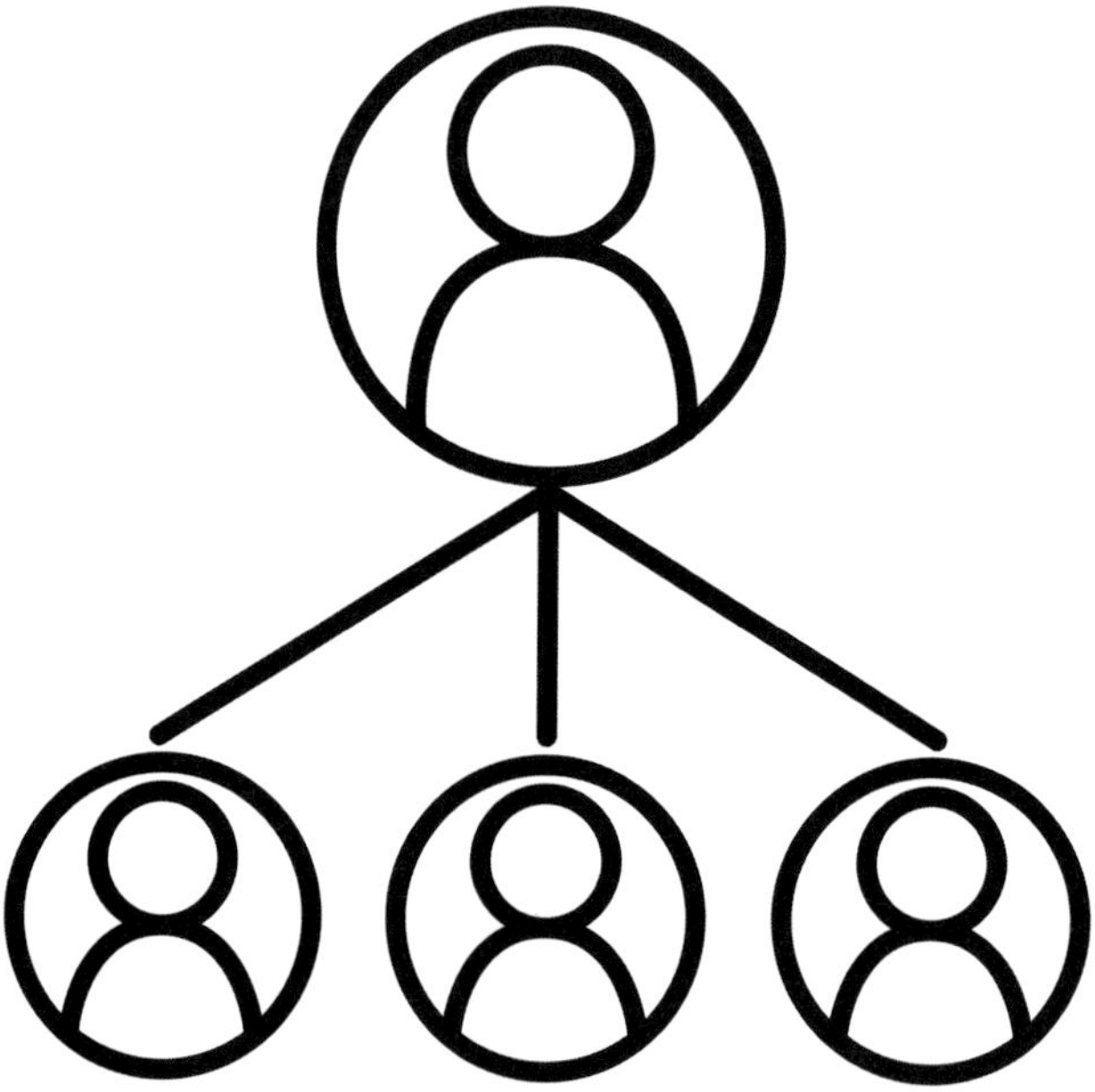

関連するもの

不自由なこと／相続／パートナーのお金／上司との関わり

力強きものの庇護下に置かれる／生と死

第8ハウスの根本的な意味は、自分を支配するものです。8ハウスは土星とのつながりが深いハウスとされています。自分自身の力ではどうすることもできないものがこのハウスのテーマです。

人生において、親や配偶者からどのような庇護を受けるか、または先祖伝来のどのような財産を受け取るかを読み取るために参照します。

歴史上、人類は先祖伝来の財産や地位によって人生が決まることがほとんどでした。現代社会においては、そのようなことが起こらないようにするべきというのが建前ですが、それでも少なからず、親の環境が子供に影響を与えるという現実があることは間違いありません。結婚相手の状況もそうです。このように、自由にならない部分で人生を支配するものが8ハウスに現れます。

8ハウスは、配偶者やパートナーの金銭や、遺産の相続などを表すこともあります。2ハウスが財布の中の自由なお金だったのに対して、反対側の8ハウスは、自由に使えないお金を示しているのです。

8ハウスの天体は、自分ではどうにもならない世界で活躍します。また、8ハウスのカスプから何を占うかの定説はありませんが、本書ではどんな風に守られる人なのかを占う解釈例を示します。

太陽	自分の自由にならない分野で社会的な活動をする。配偶者の成功や、遺産相続による開運。
月	結婚相手の庇護下で心が安まるなど、自分自身の積極的な行動に寄らないところに安らぎがある。
水星	自分自身のためではなく、パートナーなどのために知性を活用して、間接的にメリットを得る。
金星	自由にならない恋愛。結婚後の生活に愛情が満たされている。
火星	親や配偶者の財産をよく守り殖やす能力を持っている。火星の状態が悪ければ、それを失う。
木星	配偶者や親の資産によって幸せに過ごす。自由にならないところで幸福を手に入れる。
土星	自由にならない分野で努力する。結婚生活で苦労する。相続でもめる。
天王星	自由にならないところで大きな変化が訪れる。配偶者に振り回される。
海王星	自分の自由にならないところから、曖昧な話が持ちかけられる。
冥王星	自由にならないところで、大きなことが起こる。常識を越えた支配欲で配偶者を縛る。

カスプのサイン　どんな風に守られるか

♈	牡羊座	自分らしい活動を認められて守られる
♉	牡牛座	マイペースな生活を許されて守られる
♊	双子座	知的なアドバイスをもらって守られる
♋	蟹座	全力を尽くして守ってくれる人がいる
♌	獅子座	気品ある生活が守られる
♍	乙女座	あれこれと心配してもらい守られる
♎	天秤座	たくさんの友人に守られる
♏	蠍座	ここぞというときにしっかり守られる
♐	射手座	好きに過ごしていてもなぜか守られる
♑	山羊座	社会のシステムや偉い人に守られる
♒	水瓶座	自分の特別な才能に守られる
♓	魚座	神や自然に守られる

9th house

第9ハウス

【 探究を表すハウス 】

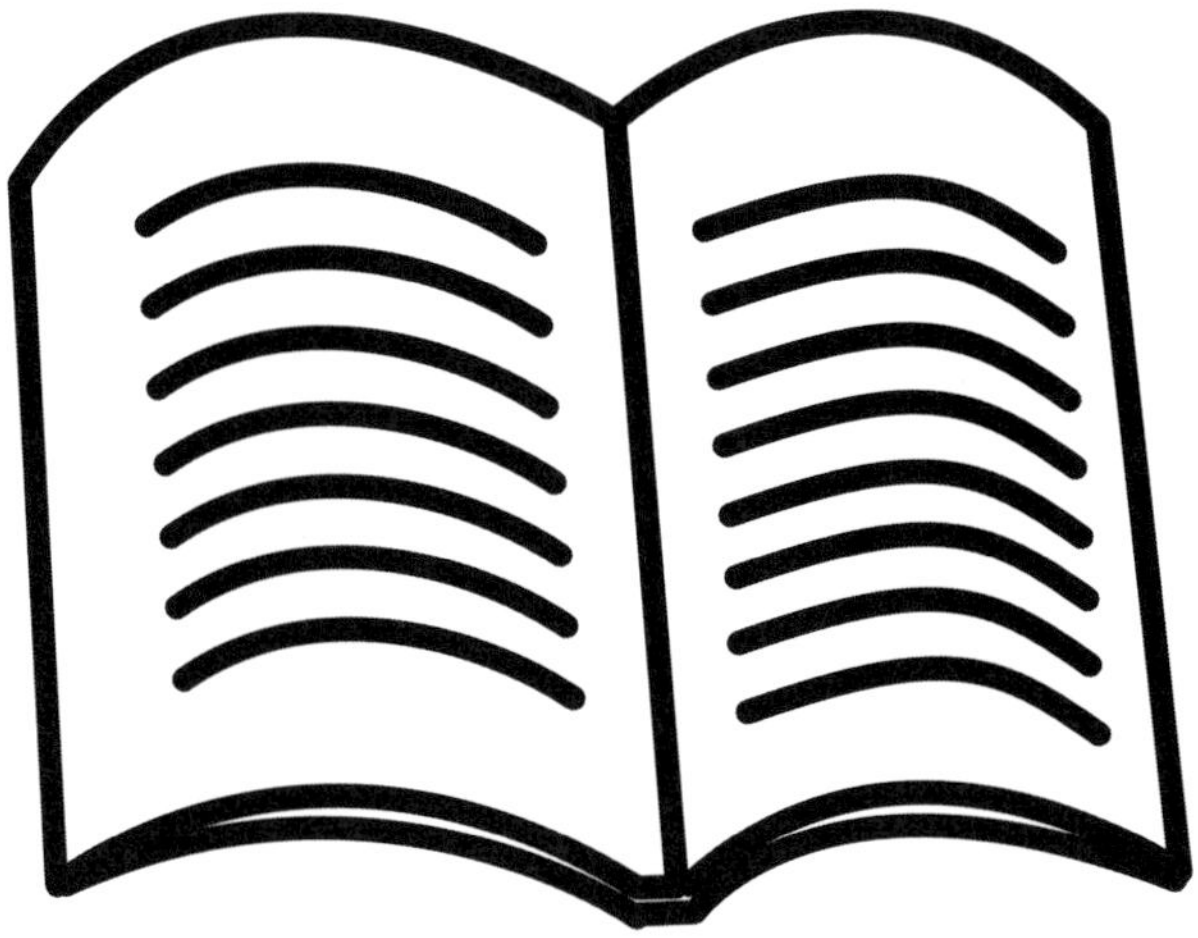

関連するもの

探究心／旅行／外国

高度な専門知識／情報発信／外交問題

第９ハウスは、日常生活の感覚から乖離した哲学や、宗教などといった、精神世界に関する探究を示しています。このハウスを理解するには、３ハウスとの対比を考えるのがわかりやすいでしょう。３ハウスが身近な世界のことだったのとは対照的に、普段は触れない遠い世界のことを扱います。

おつりの計算や、日常生活に使う読み書きの勉強は３ハウスですが、もっと壮大な世界を理解するための占星術や、社会工学などの高度な勉強は９ハウスが司ります。そして、通勤通学のような日常生活の中での移動は３ハウスですが、旅行やたまにある出張のような、非日常の移動は９ハウスです。

また、身近な人に向けられるコミュニケーションは３ハウスで、出版や、不特定多数を意識した情報発信としてのＳＮＳ投稿は９ハウスです。

９ハウスにある天体は、広い視野を持って羽ばたく力を与えられます。９ハウスに良い天体があれば、宗教家やインフルエンサーなど、人に影響を与える活躍に向いている人物といえます。また、カスプのサインによって、その人物が何のために探究心を抱くのかを理解することができます。

太陽	社会的な目標を広い視野で持つ。大きな成功を求めて高い野心を抱く。
月	心の安寧や自己認識を非日常の世界に求める。宗教への関心や依存。
水星	広い視野で知的好奇心が発揮される。哲学や難しい学問、神の領域への関心。
金星	哲学的な愛情を求める。難しい芸術や宗教美術への興味。
火星	心が燃えるような衝動が遠くの世界に向けられている。
木星	遠くの世界や難しい学問の中に幸福の種がある。世界を旅することで大きな成功を収める。
土星	非日常の世界で努力をする。
天王星	常識に反した研究を行い大きな成果を上げる。
海王星	とてつもない想像力で人を惹き付ける。宗教家の才能。
冥王星	視野を広げた先で、想像を絶する出来事が発生する。

カスプのサイン　探究するもの

♈	牡羊座	自分や周囲を元気づけるために探究する
♉	牡牛座	さらなる愛を求めて探究する
♊	双子座	知的好奇心を満たすために探究する
♋	蟹座	自分や家族の身を守るために探究する
♌	獅子座	自分がより輝くために探究する
♍	乙女座	効率を上げるために探究する
♎	天秤座	話題作りのために探究する
♏	蠍座	自分の心を満たすために探究する
♐	射手座	探究することそのものが目的
♑	山羊座	社会的地位を得るために探究する
♒	水瓶座	気分転換に探究する
♓	魚座	世界の真理を見つけるために探究する

10th house

第10ハウス

【 人生の目標を表すハウス 】

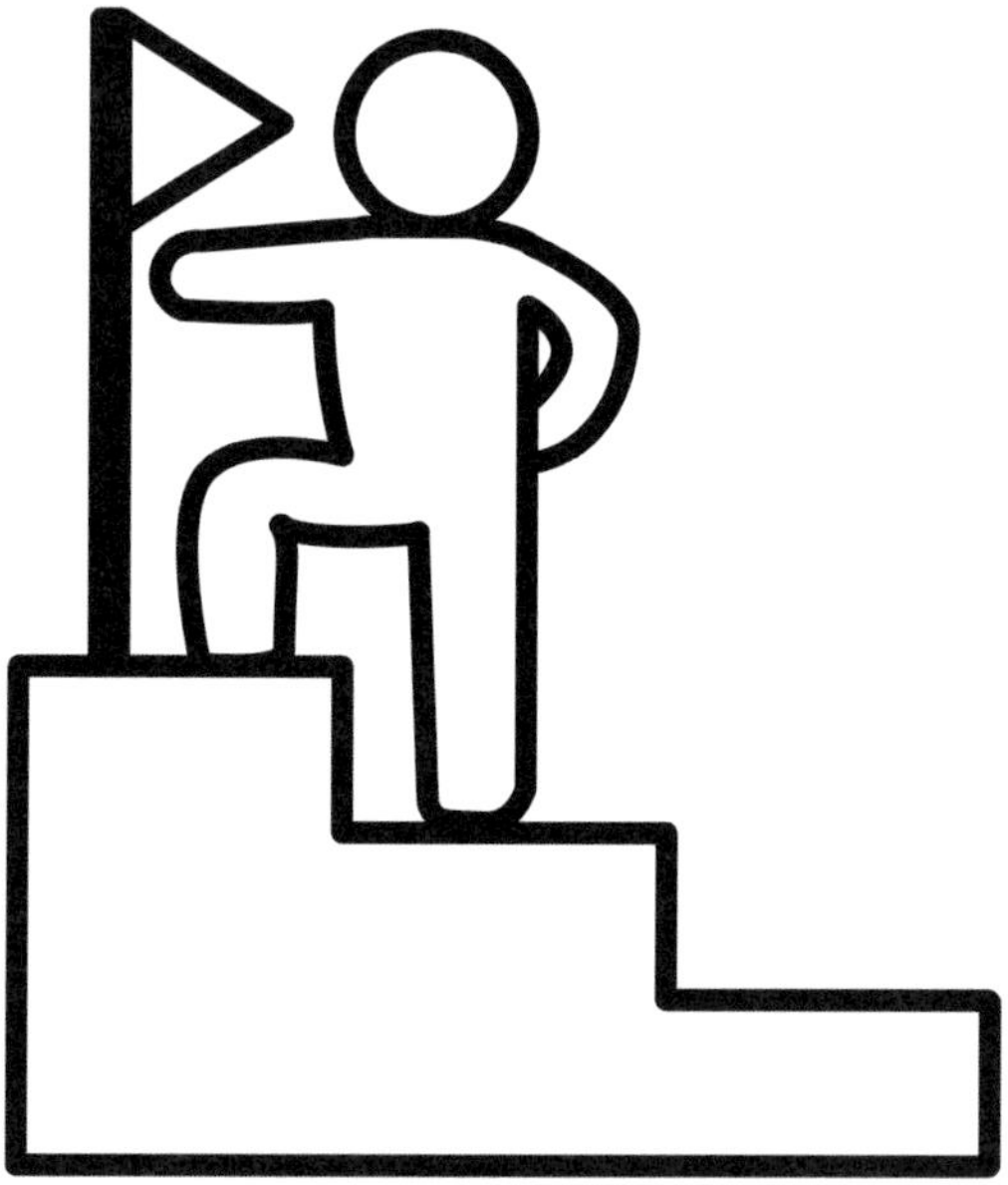

関連するもの

社会的な成功／仕事面での目標／権力者との関わり

獲得する名誉／目標を達成すること全般

ホロスコープの最も高いところに位置する第10ハウスは、人生において到達する最高地点を表すハウスです。４ハウスは生まれ育った環境でしたが、10ハウスはそこからどれだけ羽ばたいて成長できるかを読み取ります。

実占では、社会的な活躍の方向性や、仕事面での目標達成について占う際に、このハウスが重要です。10ハウスにある天体は、その人物が社会的な活動の中で成果を上げる際に活躍します。その天体の内容によっては、適職に影響を与えることもあるでしょう。

もしも10ハウスにたくさんの天体があるなら、努力の結果として、大きな成果を上げる人物になるでしょう。土星や火星などの凶星が多く含まれている場合には、過重気味な労働の結果として大成功を収める未来を暗示しているかもしれません。

カスプであるＭＣ（ミディアムコエリ）は、その人物が望んでいる社会との接触の仕方を表すポイントとされています。

太陽	社会的活動において成功を収めて地位を獲得する。
月	自分自身を認めるために頑張って社会と関わる。心が満たされる働き方をする。
水星	持てる知能を職業分野でフルに発揮する。知識を生かした仕事で辣腕を振るう。
金星	愛し愛される能力が仕事関係で発揮される。上司や部下、ファンから愛されて幸福な仕事人生を送る。
火星	不屈の闘志でライバルに勝利する仕事人生。
木星	人生を発展させるための運気が仕事に割り当てられている。
土星	簡単ではないが、時間をかけて成功をつかむ。
天王星	転職を繰り返すなど変化の多い仕事人生。一発逆転もある。
海王星	妄想で仕事の計画を練る。芸術分野での大成。
冥王星	特殊な分野の仕事で天才的な才能を発揮する。

カスプのサイン　社会に望むこと

♈	牡羊座	自分の個性をぶつけて社会にインパクトを与えたい
♉	牡牛座	富と名声が両立する成功を収めたい
♊	双子座	知力と交渉力で社会を動かしたい
♋	蟹座	周りから高い評判を得たい
♌	獅子座	崇拝されるリーダーになりたい
♍	乙女座	計画通りにステップアップしたい
♎	天秤座	マイペースにのんびり楽しく活躍したい
♏	蠍座	人々の心をつかんで魅了したい
♐	射手座	常に新しい冒険を続けたい
♑	山羊座	圧倒的な地位を手に入れたい
♒	水瓶座	よりよい世界を作るために力を尽くしたい
♓	魚座	心の底から信じられる仲間と過ごしたい

11th house

第11ハウス

【 交友関係を表すハウス 】

関連するもの

友人関係／グループ活動／幸せ

希望／アドバイス

第11ハウスは交友関係を表すハウスです。兄弟ほど親しくはなく、しかし、人生に影響を与えるような友人たちとの関わり方を見るには、このハウスを参考にするとよいでしょう。ホロスコープの中でのこのエリアは、太陽が空のてっぺんであるMCに向かって登っていく直前に滞在する場所です。成功前夜の若者たちが夢を語り合い、互いにアドバイスをし合いながら、人生の充実を目指して頑張っている青春をイメージするとわかりやすいでしょう。

このハウスに存在する天体は、友人関係の中でその効力を発揮します。このハウスに多くの天体を抱えているなら、引きこもらずに人との交流を持たなければ、星の力を飼い殺してしまうことになるでしょう。

11ハウスのカスプにあるサインは、その人物がどのような手順で人と親しくなるかを示します。

実占では、友人を増やすためのアドバイスに使うほか、仲良くなりたい相手のホロスコープを見て、その人物に接近する方法を模索することもあります。

太陽	周囲の引き立てによる成功。社交の中で成功する。華々しい人脈。
月	人間関係の中で自己肯定感を高めて安心する。
水星	知性やコミュニケーション力を交友関係で発揮する。情報交換のための人間関係に恵まれるが深いつながりは持たない。
金星	愛し愛される対象として幅広い人間関係を求める。社交界の花。善良で親切な人に囲まれる人生。
火星	行動力や自己主張が友人関係の中で発揮される。人付き合いが増えやすいが、意見の衝突も多い。
木星	信頼できる人に囲まれて、そこから成功のきっかけを得る。
土星	交友関係が狭い。人付き合いは苦手だが頑張れば良いことがある。
天王星	一風変わった友人や個性的な知り合いに囲まれる。
海王星	知り合いと友人の垣根を越えていつの間にか親しくなれる。
冥王星	驚くべき才能で人の内側に飛び込み、相手に強い影響を与える。

カスプのサイン　友好の築き方

♈	牡羊座	すぐに親しくなる
♉	牡牛座	好きなものを共有してじっくり親しくなる
♊	双子座	話が盛り上がって親しくなる
♋	蟹座	慎重に垣根を越えて親しくなる
♌	獅子座	自分に憧れる人と親しくなる
♍	乙女座	相手を批判しながら親しくなる
♎	天秤座	軽妙なノリで親しくなる
♏	蠍座	募らせた思いをぶつけて親しくなる
♐	射手座	旅行の話で盛り上がって親しくなる
♑	山羊座	利害関係が一致して親しくなる
♒	水瓶座	そもそも親しみを感じている
♓	魚座	相手を受け入れて親しくなる

12th house

第12ハウス

【 秘められたものを表すハウス 】

関連するもの

隠されているもの／隔離された場所

魔女や魔法使い／不幸／無意識の行動

最後のハウスである第12ハウスは、秘密のもの・隠れ家・潜在意識・閉じ込められた場所・人生における厄介ごとなど、様々な意味を持っています。

11ハウスが青春らしい明るいハウスだったのに対して、12ハウスは少しネガティブなことを司っています。ただし、このハウスに天体があるから不幸になるということではありません。

読み取りのポイントとしては、滞在している天体が、あまり目立たない場所に封じ込められるというニュアンスが正しいでしょう。天体が僻地に追いやられてしまい、その力をどうやって活用してよいかわからなくなっていると考えるとわかりやすいかもしれません。

12ハウスにある天体を有効活用するためには、秘密の世界での暗躍や、内なる幸福のために利用する手段を考えるのが効果的です。

このハウスのカスプのサインを読み取る方法には定説がありませんが、本書では困った出来事があったときに逃げ込みたくなる場所、すなわち隠れ家の雰囲気の読み取り方を解説しています。

太陽	目立たないところで活躍する。内面的な自己成就を目指す生活。世間から独立した世捨て人。
月	世間の動向に縛られない孤高の生き方を選ぶ。
水星	内に秘められた能力。静かな場所で集中して活躍。
金星	秘密の恋愛や、孤高の美の追究。地味な恋愛。
火星	不満をため込みやすい。裏で争いの糸を引く。
木星	人生における大きな幸福が目立たないところや、他人に理解されない形で発揮される。他人の理解を超えた内なる幸福をたたえた人生。
土星	努力や苦労が人目につかない世界で発生する。長い下積み生活や、暖簾に腕押しの苦労。
天王星	秘密めいていて不可思議なものに興味を抱く。
海王星	漠然とした不安に襲われる。嗜好品にはまる。
冥王星	思いもかけないところから人生が一転するような出来事が起こる。

カスプのサイン　逃げ込みたくなる場所

♈	牡羊座	すべてを忘れて明るくなれる場所
♉	牡牛座	美しいものに囲まれた上品な場所
♊	双子座	コミュニケーションと笑いに満たされた場所
♋	蟹座	実家など自分を守ってくれる場所
♌	獅子座	本来の自分より強くいられる場所
♍	乙女座	他人の視線にさらされない場所
♎	天秤座	知らない人と出会える場所
♏	蠍座	自分を愛してくれる人がいる場所
♐	射手座	旅先など非日常の場所
♑	山羊座	仕事や勉強にまつわる場所
♒	水瓶座	新しい時代を感じられるような場所
♓	魚座	精神世界やオカルトの世界

ホロスコープの中でのハウス

重要度：★★☆

ハウスの章の最後に、ホロスコープの中でのハウスについてお話しします。以前に、天体とサインの位置関係を記す際に作成したホロスコープでは、左側に牡羊座をおいて、そこから反時計回りにサインを配置しました。しかし、ハウスの概念を取り入れた場合、サインのスタート位置はアセンダントの度数によって決定されます。

まずは、前回書いたホロスコープを用意してください。これを元に、サインの書き方を体感的に理解していただきたいと思います。

作図手順

❶アセンダントの度数を調べて、ホロスコープに点を打つ。

❷その点と円の中心を通り、円を二分する線を引く。

（これで、アセンダントとディセンダントを結ぶ線が引けます）

❸②の線が水平線（横線）になるように図を回転する。

❹2～6ハウスまでのカスプの度数を調べて点を引く。

❺天体の記号を書き直して向きを修正する。

ちょっと複雑ですが、これでホロスコープがピザのように12等分されました。一般的なホロスコープで、エリアを分けている線は、サインの分割線ではなく、ハウスの分割線です。

なお、今回はわかりやすさのため、紙を回転させて左側のサインを決定しましたが、最初からアセンダントの度数を調べて横線を引き、それに合わせてサインの記号を記載すれば、紙を回す必要はありません。もっとも、これらの作業はコンピューターに任せるのが普通です。連動するＬＩＮＥの学習ページでは、ハウスを記入したホロスコープを見ることができます。

今回学んでいただきたいのは、ホロスコープの横線が地平線であるということです。７～12ハウス、すなわち上半分は、生まれた瞬間に空に見えていた天体で、これを「エレベートしている天体」と表現します。反対に１～６ハウスにある天体は、生まれたときに見えていなかった天体ということになります。

第5章の振り返りテスト

問題1

各ハウスが始まる位置を（　　　　　　　　　）という。

問題2

各ハウスの始まりの位置を、カスプよりも少し前にするルールの名前は?

（　　　　　　　　）度前ルール

問題3

生まれた瞬間の東の地平線を示すアングルは?

（　　　　　　　　）

問題4

その人物の風貌や第一印象と関連深いハウスは?

第（　　　　）ハウス

問題5

「相手」との関係性を司っているのは何ハウス?

第（　　　　）ハウス

問題6

人生でたどり着く到達地点を表すハウスは?

第（　　　　）ハウス

第6章

その他の占星術理論

専用の学習ページでは…

この章で紹介する占星術理論が、登録した生年月日のホロスコープの中で発生しているかどうかを自動的に検出して一覧表示しています。月の満ち欠けなども一瞬でわかるように表示しています。

まだまだある細かな技法

これまでに説明してきた、サイン・アスペクト・ハウスの状況は、占星術の基本となる重要な要素です。ここまでをマスターすれば、かなりのことが占えるようになるでしょう。

ホロスコープは、本を片手にロジックに従って占うだけでなく、最終的には自分の言葉でホロスコープを読解できるようになることが重要です。大活躍するプロの占星術師は、テキストの解釈を覚えて話すだけでなく、一度自分の中でイメージを膨らませて話します。そして、自由な着眼点で、天体が語る状況を読み解くヒントを発見します。

自由な着眼点でホロスコープを読み解くには、そのヒントとなる知識が必要不可欠です。この章では、これまでに伝えきれなかった、細かな占星術のテクニックを一挙にご紹介します。

これらの中には、現代の占星術ではあまり注目されなくなっているものもあります。しかしそれは、その技法が無意味なものに成り下がったことを意味するものではありません。本書でご紹介するのは、筆者の実占の中で有効だと感じたものばかりを選りすぐっています。

毎回すべてをチェックすることは大変ですが、頭の片隅にこれらの知識をおいておくと、それがふと頭をよぎったときにとてつもない大的中をものにすることができます。

占星術においては、普段から使うわけではない知識も、脳の引き出しに入れておけばきっと役に立つときが来ます。占いにおける直感力というべき、鋭い着眼点やアイディアは、細かな知識の集合の中から生まれるのです。

逆行

重要度：★★☆

天体がホロスコープ上を移動する速度は、天体ごとにおおよその基準値が決まっていますが、実際には常に同じ速度で運行しているわけではありません。序章で説明した通り、太陽と月以外の天体は、サインに対する見かけ上の進行方向が逆になることがあります。

この状態を逆行といいます。逆行中の天体は、その天体の持ち味がフルに発揮されなくなってしまうとされ、状態の善し悪しでいえば悪い状態です。

逆行の解釈

逆行している天体は、その天体の力が正しく作用しない状況であることを示しています。人物の能力そのものに影響を与えるというより、その人物が能力を発揮しても結果につながりにくいという解釈をするのが実占的です。例えば、水星のエッセンシャルディグニティが高いのに逆行している場合は、「正しいことを言っているのに話を聞いてもらえない人」という解釈が適切です。

ステイ

なお、普通に進んでいる天体を順行といい、逆行と順行が入れ替わるタイミングで、一時的に天体が止まっている状態を「ステイ」（留）といいます。ステイのときには、善し悪しにかかわらず天体の力が強く発揮されるとも考えられていますが、留と逆行の境目は曖昧なので、あまり気にしなくてよいでしょう。

逆行期間とは

近年では、ＳＮＳなどで「水星の逆行開始」などという言葉が話題になることがあります。例えば、「明日の14時から3週間は水星逆行」といえば、その期間に生まれた人物のホロスコープで、水星が逆行していることを意味します。

個人のホロスコープにおける水星逆行の意味は先述の通りですが、水星が逆行している期間は、地球全体で、伝達ミスや通信機器の異常が発生しやすくなると考えられています。

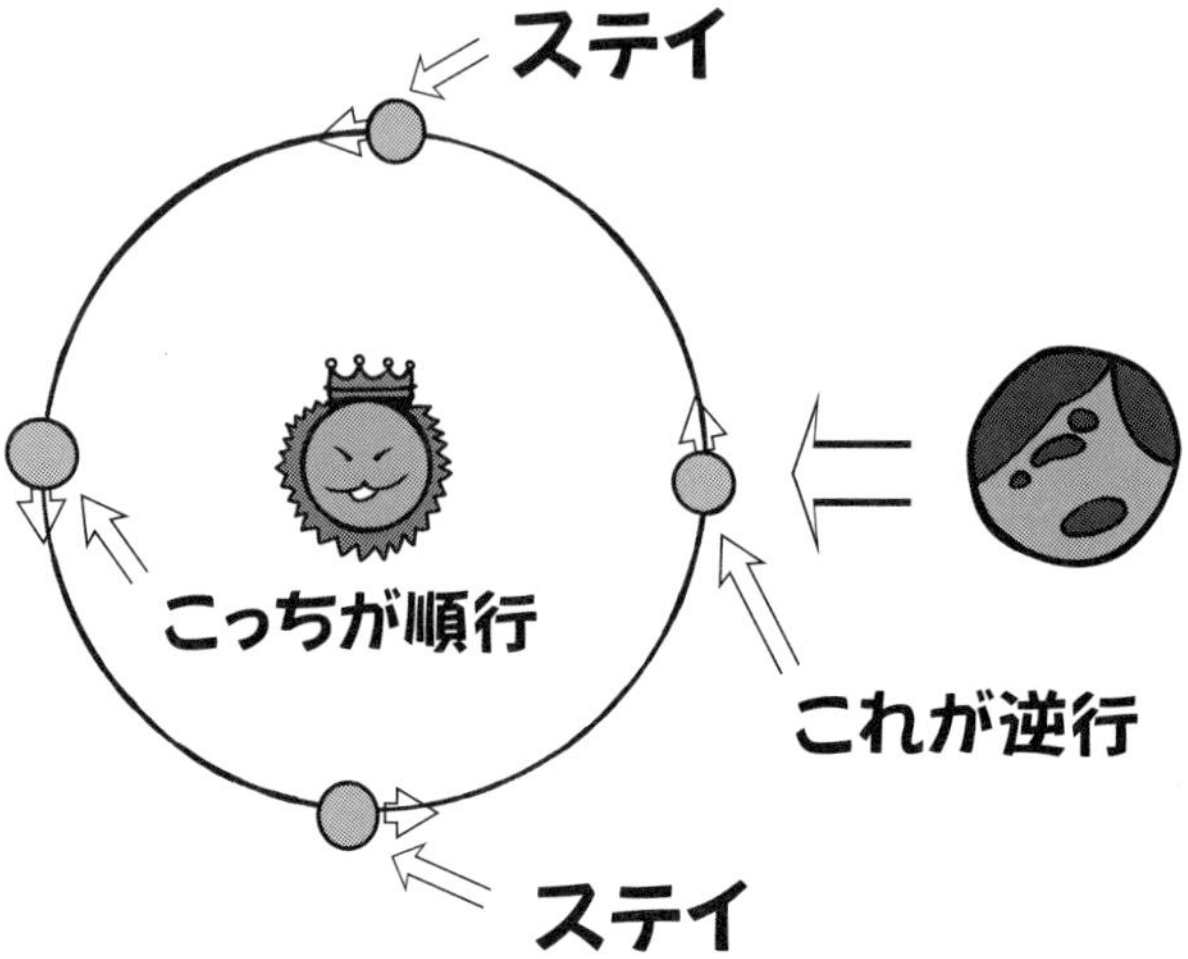

逆行は、地球と天体の位置関係によって、進行方向が逆に見える現象です。実際に惑星が逆向きに動いているわけではありません。

太陽の奥を回っているときと手前を回っているときでは、地球から見たときの進行方向が違って見えると考えるとわかりやすいでしょう。

逆行する条件は、地球より太陽に近い軌道を回っている惑星と、外側を回っている惑星で違いがありますが、細かいことを理解する必要はありません。

天体が逆行した場合の意味

水星逆行

コミュニケーション能力や知性を正当に発揮しにくいことが多い。同じ単純ミスなどを繰り返してしまう。

金星逆行

自分の愛情や魅力を正しく理解してもらうことができない。愛する気持ちが空回りしてしまう。恋愛が多い人生。

火星逆行

あふれるパワーのやり場に困る。夢中でエネルギーを注ぐべきものに恵まれない。

木星逆行

仕事が成功してもお金がついてこない。本来頼ってはならない人や組織の援助を受ける。お金が入ってもすぐに出て行く。

土星逆行

一生懸命に頑張ったことが無駄骨になりやすい。不毛なことに力を注ぐ。

月の満ち欠け

重要度：★☆☆

月の満ち欠けが人々の心に影響を与えるというのは、スピリチュアルの世界では広く浸透した概念です。新月に願い事を行うことも、かなり一般化してきました。

満月や新月、三日月などといった月の様子のことを月相といいます。月を重視する西洋占星術の世界でも、当然ながら月相が重要視されてきました。

月の満ち欠けは、太陽と月の角度によって決まります。そのため、ホロスコープを見れば月の形がわかります。

新月から満月への期間

太陽と月がコンジャンクション（0度）の状態にあるときは、月の裏側のみに太陽光が当たるため、地球からは月を観測することができません。これが新月です。そこから月が太陽を追い抜いて角度が開いていく間は、満月に向かって月が大きくなっていく時期に突入します。この時期に、月と太陽がスクエア（90度）を形成する瞬間が上弦の月です。

占星術の世界では、月が拡大していくこの時期にこそ、月が活躍しやすくなると考えられています。

満月から新月へ

太陽と月が正反対のオポジションになると、月は太陽の光を前面に受けて最大の輝きを放ちます。これが満月です。そこからまた月はしぼんでいき、次に形成するスクエアは下弦の月と呼ばれます。

この状態の月は、活動力が少し悪くなると考えられており、アスペクトやエッセンシャルディグニティなどで月が持っているよい効果が、少しだけ発揮されにくくなります。

満月と新月

満月と新月では、どちらが吉日かといえば新月です。満月はすでに膨らみきった月がしぼみ始める瞬間を表しているからです。反対に、借金やケンカなど、しぼんだ方がよいものについては満月が幸運のシンボルになります。

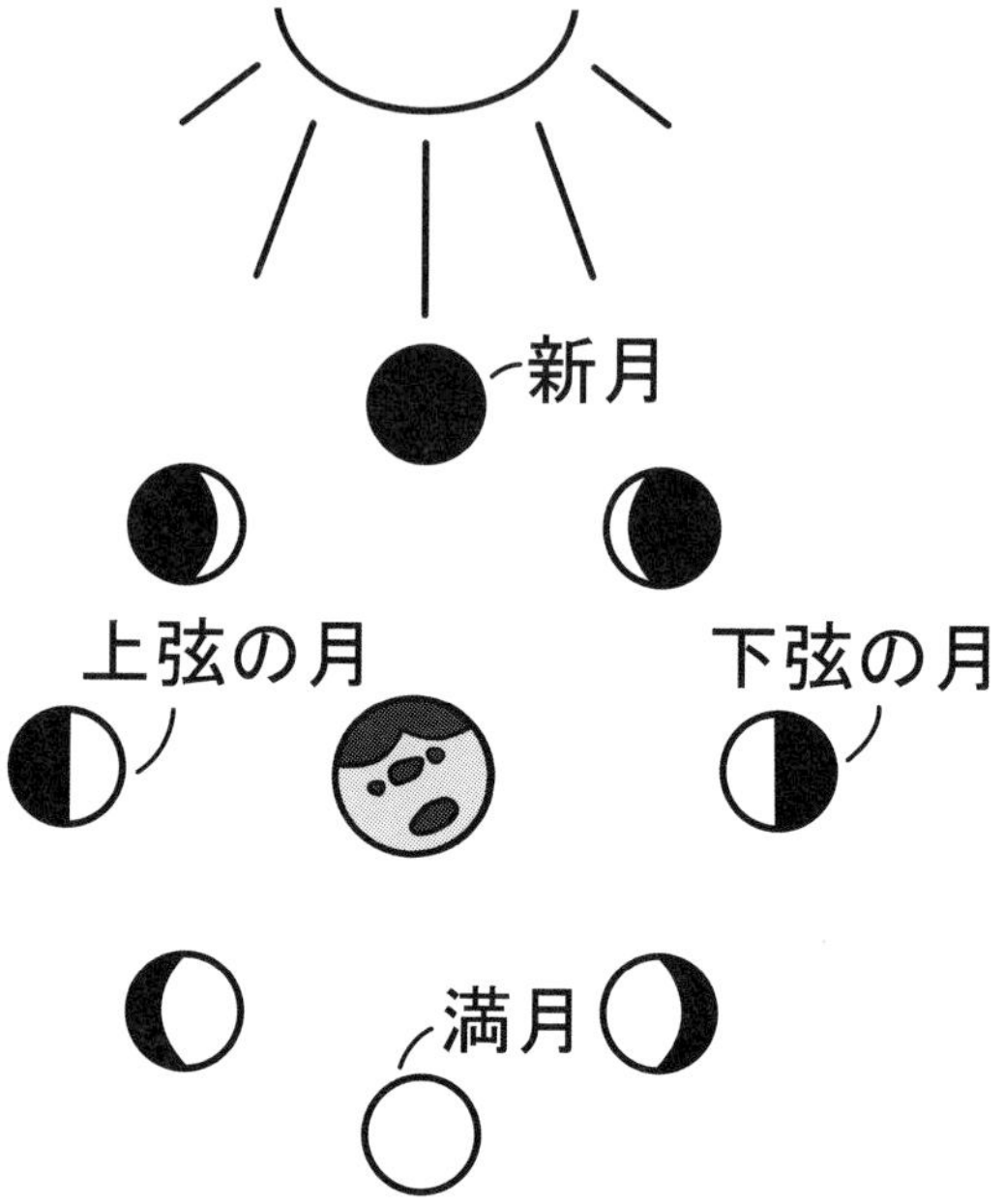

地球を真ん中において、月と太陽の角度を図示すると、月相の状態がわかりやすくなります。

この図は奥行きを省略し、各天体の大きさをデフォルメした平面図なので、基本的には地球の影を考える必要はありません。

これらの3つの天体が奥行きも含めて、同一直線上にぴったりと並ぶこともありますが、そのときは蝕が発生します。

主な月相と性格

新月

何かに夢中になってのめり込みやすい性質があります。月と太陽が同じサインにある場合は、そのサインの影響が非常に強く出るため、強烈な個性を発揮することもあるでしょう。太陽が受け取る社会からの高評価を月が安心感に変換するというサイクルがあり、結果的に周囲の評価を気にしがちな人物になります。

上弦の月

月が成長するサイクルであるため、自信と自意識が強くなります。

満月

自分がイメージする自分と社会からのイメージが対立し、ストレスが多くなる可能性を示唆します。仕事でのトラブルがストレスになりやすい反面、二面性を上手に活用すれば、社会的活動にもプラスになる可能性があるでしょう。

下弦の月

月が小さくなっていくサイクルであり、月のエネルギーが弱くなります。不安が少ない代わりに自信も少ない人物になるでしょう。

太陽との距離による影響

重要度：★☆☆

太陽は天体の王様です。王様といっても、世の中にはいろいろな王様がいて、国民から敬愛される王様もいれば、恐れられる王様もいます。

太陽自体は吉の天体ですが、他の天体からすると恐るべき王様として振る舞う一面もあります。身にまとった炎で、近くにいる天体を燃やしてしまい、力を弱めてしまうと考えられているのです。

アンダー・ザ・サンビーム

具体的には、太陽から17度以内の距離にある天体は、太陽の熱風にやられて力が出なくなります。これをアンダー・ザ・レイ、もしくはアンダー・ザ・サンビームといいます。太陽に対して接近しているか離反しているかによってもその効果は異なり、接近中の方がダメージは大きくなります。

ただし、その天体がドミサイルである場合は、天体が太陽によって傷つけられることはありません。太陽がドミサイル・エグザルテーションである、牡羊座と獅子座にある場合も同様です。

コンバスト

さらに、8度30分以内のコンジャンクションを形成することをコンバストといいます。この状態にある天体は、太陽によってさらに力を奪われてしまい、本来の力を発揮することができません。これは、逆行と同じくらい悪い状態とされています。なお、コンバストも天体が太陽に接近しているときの方が、より強力に作用します。

ただし、サインをまたいでいる場合はいくら距離が近くても、コンバストにはならず、アンダー・ザ・サンビームとして扱われます。

カジミ

さらに太陽に近づき、太陽の見かけ上の直径と重なるくらい近い場合、すなわち、左右17分以内の場合は、逆に太陽に応援されて惑星の力が強くなります。これをカジミといいます。その天体が、人生における重要な場面で力を発揮して成功につながることが期待できます。

太陽との距離による影響のまとめ

カジミ（　　　　）分以内

太陽の直径と重なる、最も近い位置では、太陽が天体を自分の玉座の膝の上にのせてくれる状態と考えられています。

この状況にあれば、天体の状態は良くなります。

コンバスト（　　　）度（　　　）分以内

太陽の熱気によって強烈に傷つけられる状態です。
太陽が（　　　　　　　　　）or（　　　　　　　　　）、
もしくは対象となる天体が（　　　　　　　　　）の場合は
アンダー・ザ・サンビームになります。

アンダー・ザ・サンビーム（　　　　）度以内

コンバストほどではありませんが、天体の働きが太陽の影響で弱くなっている状態です。

やってみよう　太陽が 26♎23 にあるとします。
次の天体はそれぞれ、何に相当するかを考えてください。

13♎30にある水星
→ 太陽との離隔（　　　）度（　　　）分

▶

26♎30にある火星
→ 太陽との離隔（　　　）度（　　　）分

▶

28♎42にある金星
→ 太陽との離隔（　　　）度（　　　）分

▶

01♏12にある木星
→ 太陽との離隔（　　　）度（　　　）分

▶

カルミネイトとライジング

重要度：★★☆

ハウスの説明の際に、7〜12ハウスにある天体は、生まれたとき空に昇っていて見ることができる天体だと説明しました。この状態を「エレベート」といいますが、エレベートしている天体は、1〜6ハウスにいる天体と比較して、相対的な影響力が強くなります。

カルミネイト

エレベートしている天体の中でも、特に強力な影響を持つとされているのが、天空の高いところに位置する9ハウス、もしくは10ハウスに滞在している天体です。これらの天体は、カルミネイト天体と呼ばれ、ホロスコープ全体に強い影響を与えると考えられています。

もしも9ハウスや10ハウスに天体がない場合は、エレベートしている天体の中で最も高い位置にいる天体がカルミネイト天体の役割を果たします。エレベートしている天体もない場合は、MCとアスペクトを持っている天体がカルミネイト天体としての効果を発揮します。

ライジングプラネット

アセンダントから前後5度以内にいる天体は、ライジングプラネットと呼ばれ、日本語では上昇星と表現されます。

近代占星術の父とされるアラン・レオは、「ライジングプラネットは、その人の意識に影響を与えて、意識をコントロールする力を持つ」と書いています。

ライジングプラネットの効果は、アセンダントに近ければ近いほど効果が強力になります。特にアセンダントに近い天体を持っているホロスコープを見かけたときには、この項目を思い出してください。

ただし、アラン・レオの著書の中で、ライジングプラネットの解釈は、ホロスコープ全体の解釈の中での「補足」にすぎないと書かれています。

ライジングプラネットに限ったことではありませんが、一つの項目だけで全体を完全に決めつけるのではなく、ホロスコープ全体をバランスよく見渡すことが重要です。

カルミネイトしている場合の解釈

太陽	社会的地位が高くなりやすく、人望が集まる。
月	自分の心を穏やかにして平穏に過ごす。
水星	難しい問題を知性で乗り越えることができる。
金星	様々な局面で愛やこだわりの力が発揮される。
火星	高い決断力と負けず嫌いな心で突き進む。
木星	幸せのオーラを感じながら自由に過ごす。
土星	数々の試練を乗り越える力がある。
天王星	卓抜なアイディア力で道を開く。
海王星	人や自分に大きな夢を見せることができる。
冥王星	不思議な存在感のオーラを放つ。

ライジングプラネットの解釈

太陽	どんなストレス下にあっても尊厳と名誉を守る。
月	自分の環境の変化に対して受容的。斬新さを愛する。
水星	着眼点が鋭く、活動的で思考が素早い。
金星	陽気で心地よい空間を作り、周囲から愛される。
火星	行動力があり、必要以上に結果にこだわる。
木星	高貴で寛大な気質を持ち、成功が約束されている。
土星	立ち向かわなければならない課題が多い。
天王星	独創性や奇抜さが目立つ。
海王星	非日常の世界を大切にする。
冥王星	良くも悪くも極端な道を行く。

強力な恒星とのコンジャンクション

重要度：★☆☆

　占星術では、恒星は単なる住所としての扱いをするというのが基本的なスタンスです。しかし、無数にある恒星の中には、強力な意味を持つとされるものもいくつか存在します。ホロスコープの読解に際して、それらの恒星のうちいくつかを採用して、天体と恒星がコンジャンクションをとっている場合には意味を持つと考えることがあります。本書では、伝統的によく参照される３つの恒星を紹介します。

　恒星の位置は、72年につき約1度、順行方向に進みます。恒星の位置は、出生時のものを採用すべきなので、２０２３年現在と１９８０年の度数を紹介します。なお、専用の学習ページでは、出生時の恒星の正確な度数が計算できます。

レグルス

「小さな王」という意味の恒星であるレグルスは、金銭的な成功を暗示する天体とされています。この天体とコンジャンクションをとっている天体は、物質面で有利に働きます。実際の星座では獅子座に属しており、別名を「獅子の心臓」といいます。１９８０年には、29♌33にありましたが、２０２３年現在は00♍09に移動しました。

スピカ

実際の星座の乙女座の中で、最も明るい星がスピカです。乙女座は麦を抱えた乙女の姿が星座になっていますが、スピカは麦の先端の部分に位置しており、名称の由来も「穂先」という意味のギリシア語です。１９８０年には23♎34にあり、現在では24♎10にまで進んでおり、サインは天秤座なので注意してください。スピカとコンジャクションをとる天体は、吉の意味を持ちます。

アルゴル

これまでの2つは吉星でしたが、アルゴルは凶星です。ヘラクレスが討伐したメデューサという怪物の目の部分がアルゴルです。占星術では、勝利をもたらすが自分も傷つくという意味になります。１９８０年には25♉53にあり、２０２３年には26♉29に移動しています。

第6章の振り返りテスト

問題1

天体が本来の進行方向とは逆に進む状態を（　　　　　）と呼び、止まっている状態を（　　　　　）という。

問題2

月の満ち欠けは月と（　　　　　　）の角度で決まる。

問題3

占星術において、満月と新月では基本的には（　　　　　）の方がよい意味を持つとされる。

問題4

上弦の月とは、月が（ 大きく or 小さく ）なっていく過程にある半月である。そのため、この時期の生まれの人物は自信が（ ある or ない ）傾向が見られる。

問題5

太陽は吉の星であるが、近づく天体にとっては負の影響を与えることがあり、（　　　　　　　　）や、（　　　　　　　　）という状態を作る。

問題6

天球の高いところである9ハウスや10ハウスにある状態を（　　　　　　　　　）といい、強力な影響力をもつと考えられる。

第7章

実占演習

専用の学習ページでは…

本書で学習したことの総まとめにふさわしく、演習テーマに取り上げたホロスコープのリーディングを補助する情報を計算して表示します。

実占！　ホロスコープの読み方

本章ではいよいよ、ホロスコープを実際に読解する方法を紹介していきます。

序章でホロスコープを示したときは、いろいろな数字や記号が書かれていて、何が何だかさっぱりわからないと感じる人もいたと思いますが、ここまで本書を読み進める中で、そこに書かれている情報の意味や活用方法が明確に見えてきたことと思います。

この章では、それらの総まとめとして、一般的なホロスコープ解読の手順を紹介します。最初は時間がかかったり、言葉が出てこなかったりすることもあるでしょう。そんなときは本書のページを戻りながら、わかるまでじっくり読み進めてください。ホロスコープ読解で迷ったときのヒントは、本書のどこかに必ずあります。読めると信じて取り組んでください。

模範解答を求めないこと

これまでも繰り返し述べてきた通り、ホロスコープの読み方には完全な模範解答はありません。ですので、必ずしもこの手順通りに読む必要もないのです。アスペクトでもサイン状況でも、さらに細かなポイントでも、何かすごく気になるところがあれば、そこに注目して解読を進めてもよいということをしっかり覚えておいてください。これまでに学んだ天体の役割やサインの意味、天体の状態解釈などをヒントにしながら、自分で物語を組み立てていくことが、ホロスコープ解釈の究極の形です。

まずはバランスのチェック

さて、未知のホロスコープを解読する際に、第一に確認するべきとされているのは、全体のバランスです。木を見て森を見ずとならないようにするためにも、個別の天体のサインを確認する前に、十大天体のエレメントとクオリティのバランスを確認しましょう。

そこで過剰や欠乏を見ることで、その人物の大まかな雰囲気がつかめます。次に、エッセンシャルディグニティを確認して、どの天体が強く働いているかを確認します。

ホロスコープの読解で注意するべき点は、一つの要素だけで決めつけすぎないようにすることです。「水星のディグニティが低いからこの人はバカだ！」などと早とちりしてしまうと、せっかく占星術がもたらしてくれる多くの情報を見逃してしまうことにつながります。

細かいところをいきなり決定的な読み方をするのではなく、大きくぼんやりとした全体像を読みながら、徐々に細部の解像度を上げていくように理解を進めていきます。細かく考えすぎないためにも、バランスやディグニティの確認は時間をかけずに淡々とチェックして、軽くイメージを持つくらいにとどめてもよいでしょう。

次はサインのチェック

ホロスコープの全体像を理解したら、今度は各天体のサインを読みます。天体のサイン状況を確認する際は、太陽と月から確認するのが基本です。恋愛相談を受けた場合は金星など、関連する分野の天体に着目しがちですが、これも解読の偏りを招いてしまいます。基本的に慎重な人物がロマンチックな恋をするのか、もしくは、元々、大胆な自由人がロマンチックな恋をするのかでは、鑑定結果が大きく変わってしまうからです。

同時にアスペクトや珍しい配置も確認

天体のサインをチェックするついでに、横目でアスペクト状況なども確認して、そのホロスコープの特徴的なパーツを見つけます。グランドクロスなどの珍しいものがあれば、それは注目に値します。集めた情報を元に、徐々に全体像を推理して細部のイメージを固め、ようやく鑑定結果として占断する。それがホロスコープ読解のあるべき姿です。

このように書くと難しく感じるかもしれませんが、要は情報を集めながらイメージを膨らませて推理するということです。

矛盾する情報の扱い方

ホロスコープを読んでいると、矛盾する情報に行き当たることがあります。太陽のサインを読めば慎重な人物なのに、火星を読めば衝動的であるという具合で着目する部位によって異なる結果が表示されることはしばしばあります。

このようなときには、差し引きしてどちらの影響が強いかを考えるのではなく、両方とも存在すると考えるのが正解です。人間には多面性があり、慎重な人にも衝動的な側面があるのは普通のことなのです。例えば、仕事面では慎重な人も、プライベートでお金が絡むと衝動的になってしまうということはよくあります。

このように、矛盾する性格は、それぞれがどこで発揮されるかを見分けることを意識すれば、矛盾なく読み取ることができるようになります。

強い個性に注目する

エレメントの極端な偏りやタイトなアスペクト、印象的なサイン状況などは、結果としてその人物の特性を端的に表していることがあります。

このような点に注目することはもちろん大切なことですが、順番としては全体のバランスを見ることが重要です。たった一つのアスペクトだけでその人物を説明することができる場合があるかもしれませんが、それだけでその人物の人生のすべてを理解することができているわけではありません。

例えば、「泣かぬなら鳴くまで待とうホトトギス」という言葉は徳川家康の人物像を端的に説明する言葉です。しかし、これはあくまでも天下取りという大きな舞台では、待って結果を得たというだけで、家康が常にのんきな人物だったかどうかは別問題です。

我々がホロスコープから読み取るべきことは、その人物の特徴を面白おかしく伝えるための端的なキャッチフレーズだけではありません。その人物が普段どのように考えてどのように生きる人なのか、全体像をしっかり捉えた上で、目立つ特徴を理解すること。それこそが人生を豊かにするための占星術に必要な考え方です。

これから、具体的なホロスコープを例に説明します。まずは「習うより慣れろ」の気持ちで取り組んでみてください。

占星術のプロが、有名人などのホロスコープ解読を披露する場合、すごく鋭いことを書こうとするものです。しかし、それはその人物をそもそも知っているからできる場合も少なくありません。実際に知らない人のホロスコープを読むというのは、もう少し地味なものになるのが一般的です。

まずは、鋭い答えを出そうと意識しすぎず、普通の人間の等身大の生活を映し出すことを目指しましょう。

ホロスコープの読解手順

STEP 1 全体像を見る

いきなり具体的な天体とサインの関係を読み取るのではなく、ホロスコープの全体的なバランスから、雰囲気をつかみ取ることが重要です。できれば、エレメントとクオリティのバランス、エッセンシャルディグニティの点数などを感覚的に理解しましょう。

STEP 2 天体のサインを読みつつ特徴を見る

全体像がつかめたら、初めて個別の天体のサインを読みます。

太陽や月など、主役級の天体から順にサクサク読んでいきましょう。

いきなり細かな解釈を決定するのではなく、全体を大まかに読み取りつつ、最後にもう一度立ち返って細かいところを読み取るのがポイントです。

このとき、サイン状況を確認しながらアスペクトの状態などをチェックしながら、徐々にホロスコープの細かな部分を読み解きます。

この際、あまり見かけない特徴的な配置やアスペクトなどには特に注目をしてリーディングをします。

STEP3 イメージを膨らませて解釈をする

ホロスコープの全体像を理解して、イメージが見えてきたら、細部を細かく検証していきます。

特に気になった部分に着目して、その人の人生を具体的に想像しながらホロスコープが示している意味を理解しましょう。

恋愛相談や適職診断など、ホロスコープ読解にテーマがある場合は、この段階で初めて質問を意識した解釈をするようにしましょう。はじめから質問を意識して読解をすると、ありきたりな一般論の解釈をしてしまいがちです。

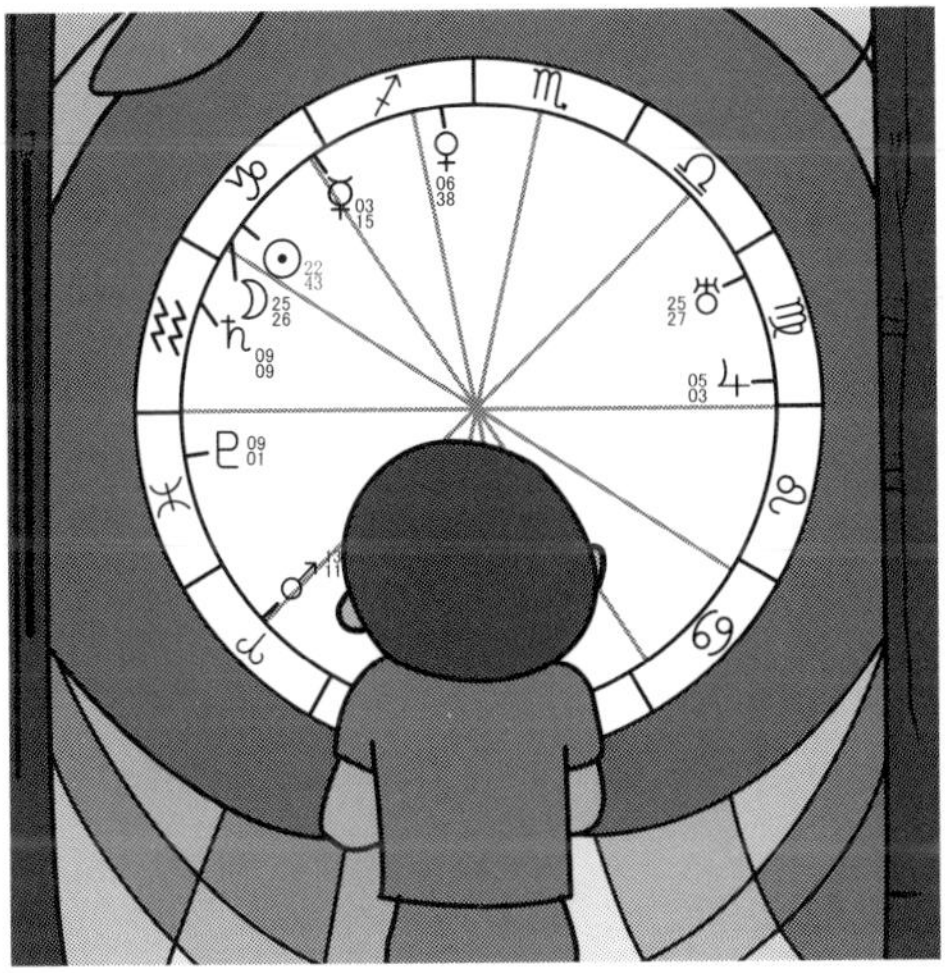

実占例
1

人生の方向性

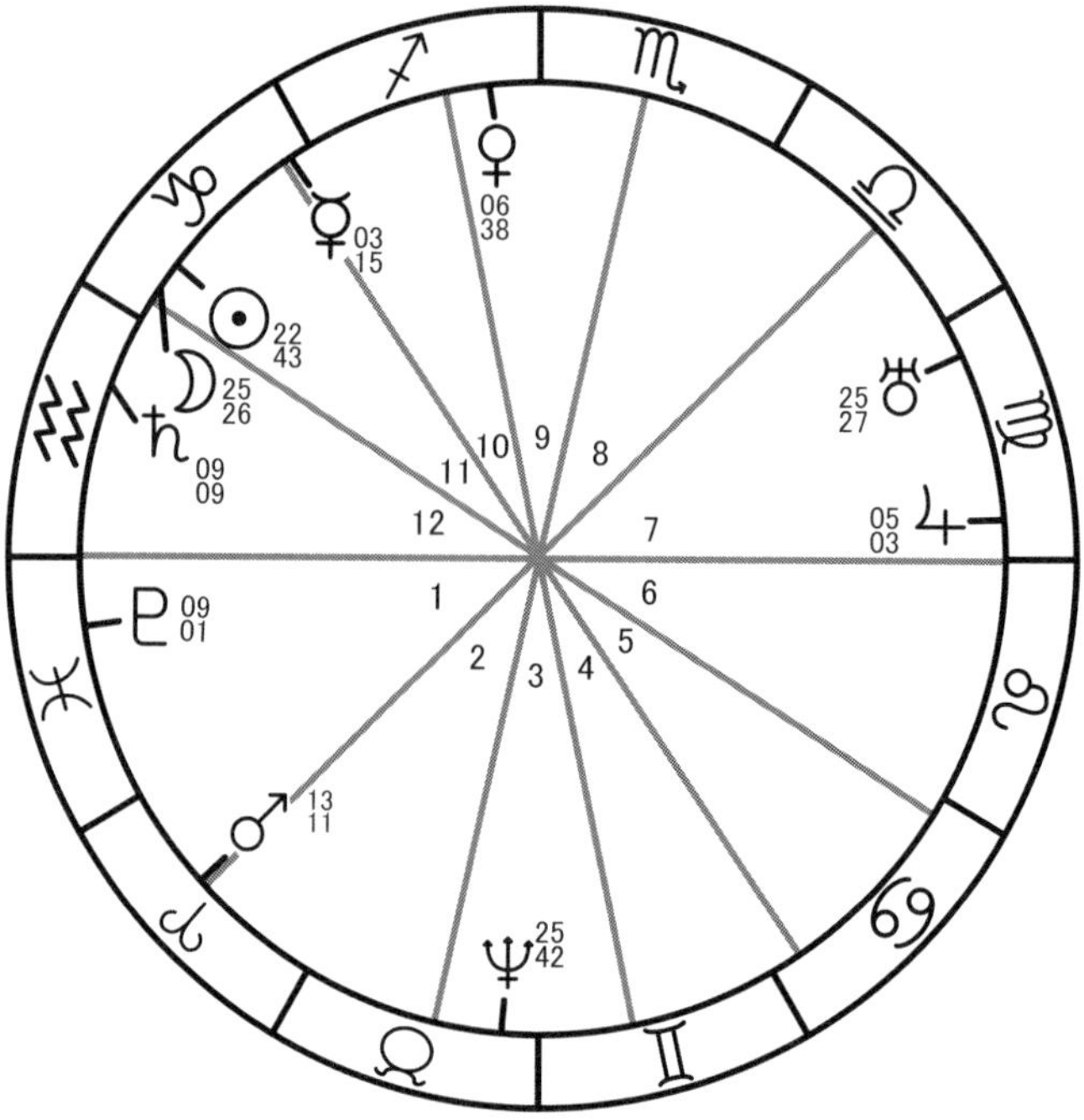

相談内容

人生全体の方向性や仕事のことで悩みが深く、ホロスコープを元に自分の人生や人柄を全体的に解説してほしい。

お名前	ハナコさん
性別	女性
年齢	現在30歳を想定
仮生年月日	2051年1月13日 8時54分

※なお、本書では実在の人物と万が一にも生年月日が一致することがないように、 未来の生年月日を仮定します。

最初の実占例は、2051年1月13日8時54分生まれの人物のホロスコープ解読です。この人物が仕事のことについて悩んでいるというテーマで、解読を進めていきます。

バランスの確認

まず、全体のバランスを見てみましょう。

エレメント　火：2　地：6　風：1　水：1

ここからは、地の要素が強く、安定志向な人物であることがうかがえます。風と水が少ないですが、欠損しているエレメントはありません。何かにつけて常識的な思考をしやすい、もしくは常識に縛られやすい人なのでしょうか。

クオリティ　活動宮：4　不動宮：2　柔軟宮：4

こちらには、それほどの偏りはありません。行動面では攻守のバランスがとれていて、極端な行動に走らないことがうかがえます。やはり常識的な人なのでしょうか。

エッセンシャルディグニティは次の通りです。

太陽〈8〉エグザルテーション（M/R）、トリプリシティ（M/R）、フェイス
月〈-10〉ペリグリン、デトリマント
水星〈-5〉ペリグリン
金星〈3〉トリプリシティ（M/R）
火星〈9〉ドミサイル、エグザルテーション（M/R）
木星〈-3〉ターム（M/R）、デトリマント
土星〈8〉ドミサイル、トリプリシティ

いろいろと獲得していますが、ディグニティについては、細かいところまで詳細にチェックする必要はありません。自分の感覚にしたがって、気になるところをかいつまんで解釈してください。

筆者は月の点数の低さが気になりました。もしかすると、自己主張が控えめ、もしくは苦手である可能性があります。しかし、太陽の状態がよいので、何かと安定して活動できる人であることがうかがえます。また、太陽とエグザルテーションのミューチャルレセプションを組んでいる火星も状態がよく、ここぞというときに踏ん張りがきくパワフルさが感じられます。

サインの状況

太陽と月はともに山羊座にあります。山羊座はストイックに努力をするサインです。この人物が自他共に認める努力家で、あらゆることに一生懸命に取り組む人物であることが見えてきます。そしてこれらの天体は、地のエレメントでグランドトラインを形成しています。一生懸命に頑張ったことが報われそうな感じのする配置です。

なお、水星も山羊座にあるためオーバーロードとなり、このサインの影響を人生の様々な場面で受けることが予測されます。ものすごく頑張り屋さんなのであろうことが、だんだんと確信に近づいてきました。

その他の個人天体を見ると、金星は射手座でカルミネイトしています。しかもこれは、冥王星、木星とTスクエアを構成しています。愛情や創作などのプライベートな面では自由を求めつつ、少し苦労しているのかもしれません。火星は牡羊座にあります。ディグニティを見ると、ドミサイルであり、太陽とミューチャルレセプションでエグザルテーションも獲得しています。安定志向な全体像を持っていながら、いざとなったらパワフルに行動する力強さを読み取ることができます。

仕事のことを占うので、10ハウスのカスプであるMCも参照します。これは、射手座にあり、冒険願望の持ち主であることを示しています。

アスペクトとハウス

もう少し細かく、各天体のアスペクトやハウス状況を見ていきましょう。太陽は11ハウスにあり、月とコンジャンクション、天王星・海王星とそれぞれトラインを形成しています。人との関わりにも恵まれて、自分の心にも嘘をつくことなく、明るく楽しく夢を見ながら仕事をすることができる人物であることが感じられます。

月は5度前ルールにより、12ハウスに滞在するため、やはり少しだけ塞ぎ込みがちな性質があるのかもしれません。実際には恵まれた環境にあっても、自分の求めているものとのギャップを感じてしまう人なのでしょうか。

今回の相談内容は、「人生全体の方向性や仕事のことで悩みが深い」という情報しかありませんが、ここまでの読解で、その悩みの方向性が見えてきたのではないでしょうか。おそらく相談者は、一般的な仕事に就いていて安定した道を歩み続けてきたものの、その安定した生活が当たり前の日常になる中で、違和感が蓄積して冒険と変化を求めたくなったのでしょう。

悩みの本質を見極めて読解を考える

このように、ホロスコープの人物像と相談内容を照らして、どこに悩みの本質があるかを考えるようにすれば、ホロスコープを見るだけで、悩みの本質まで見えてきます。これが「黙って座ればピシャリと当たる占い」のやり方です。

実は、この考え方はホロスコープを読む上で重要なことです。対象の悩みを理解することは、ホロスコープのどこに注目するかを考えるヒントになります。

その他の注目点

さて、アスペクトもハウスも、まだまだたくさんありますが、それらをすべて詳細に読み取る必要はありません。実占の中でホロスコープを読み取る際には、全体のバランスをしっかり読んだ上であれば、細かな部分は直感に従って取捨選択をして、話の種になる部分だけを拾うのがスマートです。

もちろん、自分や家族など、知っている人のホロスコープをじっくり読み取りたい場合は、すべての天体をチェックしてもよいでしょう。知っている人であれば、星の意味と人物の特徴の関連性がリアルに理解できるため、正しく読むことができるはずです。

しかし、知らない人を読み取る際には、たくさんの情報に溺れて、注目するべき人物像が見えなくなってしまうことがあります。それを避けるためにも、直感的に特に注目するべきと感じたところから読みを深めていくのが、間違いの少ない占いをするために非常に効果的であるといえます。鑑定の時間が限られている場合などはなおさらです。

全体のバランスが正しく読めている限り、細かな部分の読解は直感に従って注目するべきものを選ぶ。これをためらわずにやることが重要です。占星術師がホロスコープを見て感じた直感は的中するようになっています。これも星の導きの一つであるといえるでしょう。

総まとめをして結論につなげる

地のエレメントに偏りがあり、地のグランドトラインを持っているこの人物が、太陽も月も山羊座にあること。これらを総合すると、この人物は非常に生真面目で安定志向な性格の持ち主といえます。

堅い生き方をすることが好きであり、それこそが向いている生き方です。にもかかわらず、時として冒険心が出てしまい、「自分はこのままでいいのだろうか」と悩んでしまうことがあるのでしょう。

もしも相談内容が、脱サラのような安定した生活からの脱却を求めるものであれば、副業など、もう少し別な形での自己実現をおすすめした方がよいかもしれません。

開運のためのアドバイス

人生の方向性を理解してよりよい生き方を求めるためには、太陽や木星を活躍させることが重要です。この例の場合、安定することが太陽を活用する方法であるといえるでしょう。また、木星が水星にトラインを持っていることから、知性を生かしたサイドビジネスに力を入れるというアドバイスもよいでしょう。

あなたの解釈を書いてみよう

実占例
1

占星術の読解に完全な正解はありません。本書で触れた解釈以外にも、あなたが着目したポイントがあれば書いてみましょう！

全体のバランスについて

サインの状況について

太陽　22♑43

月　25♑26

水星　03♑15

金星　06♐38

火星　13♈11

その他のアスペクトやハウスの特徴

あなたのホロスコープも読んでみよう！

実占例と同じく、仕事に関することを中心のテーマとして、あなた自身や親しい人のホロスコープを解読してみましょう。慣れないうちは本書と同じような順番で見ていくとわかりやすく解釈できます。

全体のバランスについて

サインの状況について

太陽

月

水星

金星

火星

その他のアスペクトやハウスの特徴

実占例
2

恋人募集中

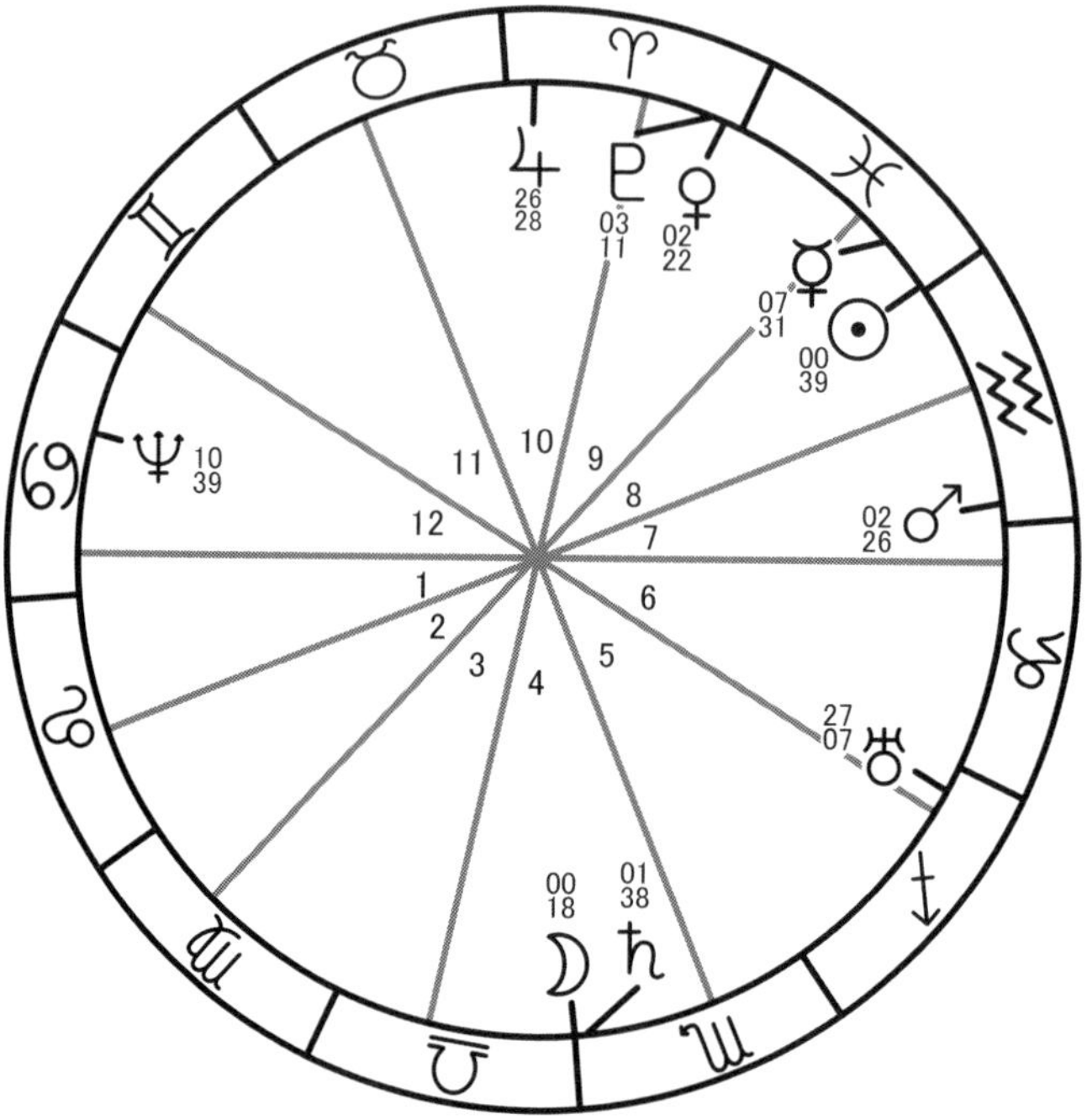

相談内容

恋愛をしてもなかなか長続きせず、安定しない状態で34歳になりました。将来を考えられるような恋人と巡り会うことはできるでしょうか？

お名前 ツキコさん

性別 女性

年齢 現在34歳を想定

仮生年月日 2071年2月19日 14時30分

※なお、本書では実在の人物と万が一にも生年月日が一致することがないように、　未来の生年月日を仮定します。

次の実占例は、恋愛のことで悩みを抱えている人のホロスコープ読解です。将来を考えられるような人との巡り会いを求めているということに留意しながら着目するポイントを考えるとよいでしょう。

恋愛相談だからといって、最初から金星に着目するのは間違いの元です。慣れないうちは、どんな相談でも必ず全体的なバランスに目を向けるようにすることをおすすめします。

バランスの確認

エレメント　火：4　地：0　風：1　水：5

クオリティ　活動宮：4　不動宮：3　柔軟宮：3

クオリティは非常にバランスがとれているようですが、エレメントには偏りがあり、安定を表す地のサインには天体が1つもありません。変化を求める風も1つしか天体がありませんので、落ち着くことも、変化することも、どちらもあまり好きではないことがうかがえます。

その分、感情を表す水のサインが5つ、積極的な火のサインが4つあります。これらのことを総合すると、感情に従って思いついたら即行動する傾向のある人で、安定したいわけでもなく、変わりたいわけでもないけれど、でも退屈はしたくないというような雰囲気が伝わってくるように思います。
エッセンシャルディグニティは次の通りです。

太陽〈4〉エグザルテーション（M/R）
月〈-9〉ペリグリン、フォール
水星〈-14〉ペリグリン、デトリマント、フォール
金星〈-1〉エグザルテーション（M/R）、デトリマント
火星〈8〉ドミサイル（M/R）、トリプリシティ（M/R）
木星〈2〉ターム（M/R）
土星〈8〉ドミサイル（M/R）、トリプリシティ（M/R）

水星のディグニティが非常に低く抑えられているのが気になります。これはもしかすると、エレメントのバランスで読み取った通り、理性と感情のバランスがよくない人なのかもしれません。月も少し調子が悪いようです。気分の浮き沈みが激しそうなイメージが見えてきます。
太陽については、本来ならペリグリンになる位置ですが、金星とのミューチャルレセプションによって救済されています。これは少し物語的な解釈ですが、愛に救われる人生であると読み取ることができそうな感じもしますね。

各天体の詳細な分析

次に太陽と月のサインを見ると、どちらも水のサインの浅い度数にあり、タイトなトラインを形成しています。太陽は魚座の0度です。ここは赤ちゃんの度数と呼ばれ、魚座の性質である、何もかも信じたくなる気持ちが、不器用かつ純粋な形で発揮されます。月も蠍座の赤ちゃんの度数にあります。こちらは、欲しいものをなんとしてでも手に入れたくなる渇望感を表しています。

月と太陽が両方とも赤ちゃんの度数であるというのは、このホロスコープの非常に目立った特徴であるといえるでしょう。

水星は魚座にあり、あまり働きがよくない上に、海王星とトラインを形成していますので、さらに夢見がちな性質を強く表している可能性があります。

金星は牡羊座の浅い度数にあります。これまで見てきたことと総合すると、かなり惚れっぽい人なのではないかと予測が立ちます。

そして、金星は冥王星とコンジャンクションをとりながらカルミネイトしています。この冥王星の影響で、極端な恋愛にはまりやすくなりそうです。さらに、その金星がカルミネイトしていることから、恋愛が人生の大きな場面に影響しているのではないかという想像が広がってきました。

また、金星の様子から好きになる相手の雰囲気は、行動力があってたくましく、どちらかといえば平凡ではない挑戦をしている人物であることがうかがえます。

なお、太陽は8ハウスに滞在しています。これ単体の読解としては、「パートナーの活躍など、自分の自由にならないところで活躍する」という意味です。しかし、ここではツキコさんの人物像を総合的にくみ取って、パートナーの善し悪しに大きく左右される人生というくらいの読み方をしても良さそうです。

どこまで読み込むべきか

まだまだチェックしていない天体やアスペクトはありますが、やはりこれも最初から細かく読み過ぎては話がまとまらなくなってしまいます。これまで、たった一つの天体で全体の読み方が変わることはないと説明してきました。それは逆に言うと、全体のバランスを読むところから始めていれば、すべての天体の詳細を分析しなくても、解読を間違えることはないということです。

鑑定のまとめ

ツキコさんの全体像を読み取る限り、かなり感情重視の人物像がうかがえます。恋愛に関しても、夢中になる相手がいれば、深いことを考えるよりも、感情を優先して恋愛にのめり込むタイプである可能性が感じられます。

恋愛が長続きしないというのが相談内容ですが、その理由はおそらく相手選びが悪いからであるといえそうです。冷静に考えれば良くなさそうな相手であっても、恋に落ちたら突き進む傾向があることから推測できます。

そうはいっても、好きになれそうもない人と無理にお付き合いをして結婚しても、それで幸せになるというものではありません。このような状況で、占星術師がやるべきことは、理想の相手選びをサポートすることです。

相談者が好きになりそうな相手を示しつつ、「相談者の繊細さを理解してくれるパートナーを選ぶべき」と伝えるのがよいでしょう。

あなたの解釈を書いてみよう

実占例 2

今回も例に示した以外の読み取り方があるはずです。何かあなた自身が気づいたことを書いてみましょう。

全体のバランスについて

サインの状況について

太陽 00♓39

月 00♏18

水星 07♓31

金星 02♈22

火星 02♒26

その他のアスペクトやハウスの特徴

あなたのホロスコープも読んでみよう！

実占例と同じく、恋愛に関することを中心テーマとして、あなた自身や親しい人のホロスコープを解読してみましょう。

全体のバランスについて

サインの状況について

太陽

月

水星

金星

火星

その他のアスペクトやハウスの特徴

実占例
3

ツキコさんの彼氏候補

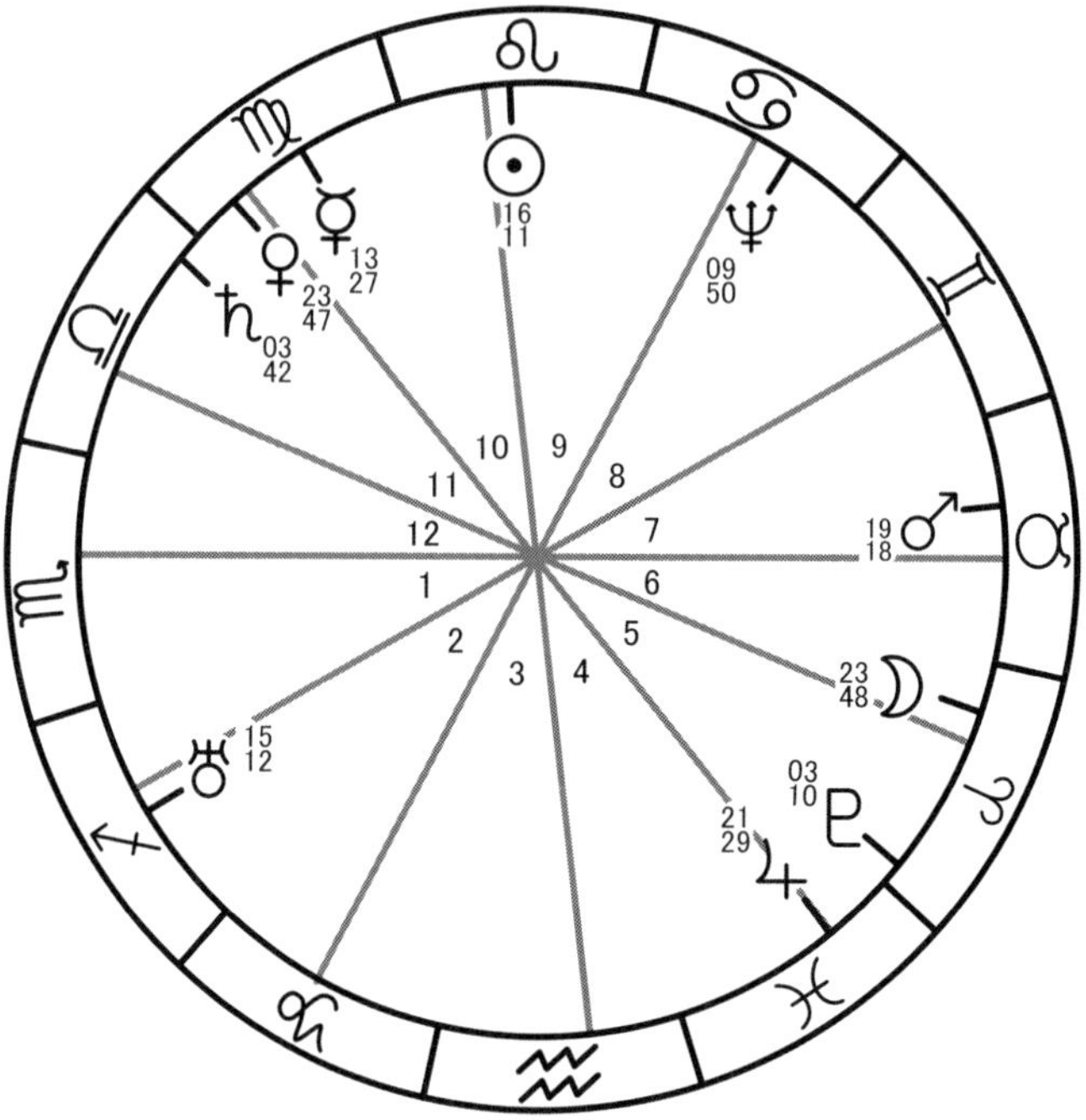

相談内容　実占例2のツキコさんが、恋人候補と考えている男性です。前回のアドバイスを元に、優しさを感じる男性を選んだけれど、この人はどうでしょうかという相談です。

お名前	テルオさん
性別	男性
年齢	現在36歳を想定
仮生年月日	2069年8月8日 時刻不明

※なお、本書では実在の人物と万が一にも生年月日が一致することがないように、未来の生年月日を仮定します。

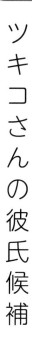

最後の実占例は、２回目の相談者であったツキコさんのパートナー候補となる相手のホロスコープです。相手のホロスコープなので、生まれた時間がわからないということを前提にします。占星術の実占においては、生まれた時間がわからない人物を占うことは日常的にあります。それでも十分に深い鑑定ができるのも、占星術の魅力の一つです。

今回は、このホロスコープから、テルオさんの人物像を分析して、最終的にツキコさんとの相性を判定したいと思います。

占星術の相性診断にはいろいろな方法があります。互いのホロスコープの間にあるアスペクトを確認する方法や、２つのホロスコープを合成した図を使う方法などが知られています。いろいろな技法はありますが、最も基本的で的中率の高い相性占いは、それぞれのホロスコープを理解して、両者の人物像をよくわかった上で、２人が結ばれるべき相性かどうかを、占星術師が自分の頭で判断することです。それこそが人間を見る占星術の本質です。

バランスの確認

エレメントとクオリティのバランスは次の通りです。

エレメント　火：4　地：3　風：1　水：2

クオリティ　活動宮：4　不動宮：2　柔軟宮：4

この配置を見る限り、全体的に大きな偏りがあるとはいえません。強いていえば、風のエレメントが少なく火のエレメントが若干多いというところでしょうか。活動的な側面が目立つものの、落ち着きもあり、引くところは引くことができる人物像がうかがえます。

エッセンシャルディグニティは以下の通りです。

太陽〈8〉ドミサイル、トリプリシティ
月　〈-5〉ペリグリン
水星〈4〉ドミサイル、エグザルテーション、デトリマント（M/R）
金星〈-1〉トリプリシティ、フォール
火星〈-5〉ペリグリン
木星〈0〉ドミサイル、デトリマント（M/R）
土星〈9〉エグザルテーション、トリプリシティ、ターム

太陽と土星が、それぞれ高い点数を獲得しています。社会的な活動力があり、よく努力をする人なのだろうと判断できます。また、月と火星は少しマイナスがありますが、それほどひどいわけではありません。今のところは、少し落ち着かないところがある人という位の解釈でよいでしょう。これらの詳細については、個別の天体を見ながら検討していきます。

サインの状況

太陽は獅子座のど真ん中にあります。ディグニティが高く、堂々として自信たっぷりの人物像が感じられます。アスペクトは、天王星とタイトなトラインがあることから、活動的で進歩的な活動をする人物であることがうかがえます。火星とはややワイドなスクエアがあります。これが表に出ると、衝動的な行動で失敗をしがちな人物像ということになりますが、全体的に太陽の状態はよいですし、多少の荒っぽさは活動的な人物には珍しいことではありませんので、それほど気にする必要はないと思います。

月のサインについて

月は牡羊座の23度にあります。生まれた時間のわからない人物の月は、最大で7度ほどずれる場合がありますので注意が必要です。実際に計算すると、この日の月は22時27分に牡牛座に移動しますので、テルオさんの月が牡牛座にある可能性も否定できません。

このような場合には、月のサインを強く信頼することはできませんが、おおよそ牡羊座にあるものと考えて読解を進めるのが実占的です。

生まれた時間がわからない場合でも、その人が目の前にいて話をしていれば、月のサインが牡牛座なのか牡羊座なのか、見当がつきやすいと思います。今回の場合は目の前にこそいませんがこの人物は、ツキコさんの恋人候補です。ツキコさんのホロスコープでは、金星が牡羊座にありました。ツキコさんが好きになりそうな男性であることを考えても、テルオさんの月が牡羊座にあることはおそらく確かでしょう。念のため、せっかちさがある人かどうかなどを確認するとより安全です。科学者であれば、このような態度は絶対に認められませんが、占星術は自然科学ではありません。直感を信じて予想することも大切です。

相性の判定

相性を判定する際には、ツキコさんの性格や恋愛傾向を頭の中にしっかりイメージした状態で、この相手がツキコさんを幸せにしてくれる人なのかどうかを考えるという立場に立つことが重要です。その意識を持つことで、どの天体に注目するべきなのかが見えてきます。

まず、テルオさんがツキコさんのタイプの人物かどうかを判定するなら、月と太陽が火のサインにあり、パワフルな雰囲気を持っていることから鑑みて、十分に魅力的な相手に見えることがうかがえます。

ただし、金星と水星は乙女座にあります。これらの天体はテルオさんの真面目で質素な一面を示しています。パワフルな反面、恋愛については奥手な一面があるのでしょう。乙女座の金星は、激しさを求めるツキコさんからすれば物足りなく見えるかもしれません。しかし、それは同時にテルオさんの誠実さを示すものでもあり、ツキコさんの恋愛傾向を考えると、逆に安心しておすすめしたくなる相手でもあるといえそうです。

あなたの解釈を書いてみよう

実占例
3

今回も例に示した以外の読み取り方があるはずです。何かあなた自身が気づいたことを書いてみましょう。

全体のバランスについて

サインの状況について

太陽 16♌11

月 23♈48

水星 13♍27

金星 23♍47

火星 19♉18

その他のアスペクトやハウスの特徴

あなたのホロスコープも読んでみよう！

実占例と同じく、あなたとの相性占いをテーマに、あなた自身や親しい人のホロスコープを解読してみましょう。

全体のバランスについて

サインの状況について

太陽

月

水星

金星

火星

その他のアスペクトやハウスの特徴

おわりに

「およそ一つの道を究めようとするものにとって、自分自身の言葉で自分の知り得た知識を語れることに勝る喜びはありません」

日本の占星術の良心ともいうべき偉大な占星術師、ルル・ラブア先生が『占星学』のあとがきに記した言葉です。

無論これは、自分の専門分野への入門書を、自分の言葉で残せる栄誉に浴する喜びを言祝ぐものです。しかし根本的に、占星術師の日常、すなわち目の前の相談者に対して、ホロスコープを解読した結果を伝えることにおいても、この夥しい喜びは少しの遜色もなく充満しています。

ホロスコープで一人の人間の人生について語ることは、本を一冊書き上げることなどとは比較にならないほど重要な「知り得た知識」の使い道です。両者の間に違いがあるとすれば、それは語り手の創造性の現れ方です。

知識や技術を伝えるための書籍は、読者の目的を達成するために言葉を紡ぎ、わかりやすさを追求して文章を研ぐという純粋な知的操作によってのみ完成します。そこには熟慮はあれども、悩みはありません。膨大にある「書きたいこと」の中から、時間の許す限り慎重に「書くべきこと」を選ぶという作業は、本質的には創作ではなく捜索です。対して現実の人間のホロスコープを読解することは、自我の在処を捜す人に対して、占星術師の魂をぶつけて、知の光で導くということです。それは明らかに創作であり芸術活動です。

筆者は今、本書に関連する膨大な熟慮を終えて、自分のための日ではない最後の父の日を過ごしながら、ようやくこの後書きに着手しています。これから生まれる息子にどのようなホロスコープが与えられるか、気にならないということはありませんが、星回りの吉凶について心配なことは何もありません。

占星術を学ぶ者にとってホロスコープは地図です。地図を恐れる冒険者などどこにいるでしょう。どんな地図を手にしても、そこから祝福を探して人生を導くのが、我々占星術師の仕事なのです。

最後に、このような書籍を執筆する機会を与えてくれた、占い大学学長の大熊努氏と説話社の高木利幸氏。アドバイスをくれた多くの占星術師仲間。そして二つの「臨月」が重なるこのタイミングで、本書の構成に重大な視点を与えてくれた妻に深く感謝申し上げます。

2023年6月18日　五十六謀星もっちぃ

参考文献

"Alan Leo's Dictionary of Astrology" by Alan Leo, Vivian E.Robson（1929年）
"The Key to Your Own Nativity" by Alan Leo, Cosimo Inc（2006年）
いけだ笑み『ホラリー占星術』説話社（2009年）
石川源晃『実習占星学入門』平河出版社（1988年）
石川源晃『演習占星学入門』平河出版社（1992年）
石川源晃『応用占星学入門』平河出版社（1994年）
石川源晃『調波占星学入門』平河出版社（1995年）
石川源晃『辞典占星学入門』平河出版社（1996年）
鏡リュウジ『鏡リュウジの12星座占い』説話社（2015年）
鏡リュウジ『鏡リュウジの占星術の教科書I』原書房（2018年）
クラウディウス・プトレマイオス／フランク・エグレストン・ロビンズ／加藤賢一（訳）『テトラビブロス　プトレマイオスの占星術書　ロビンズ版』説話社（2022年）
S.T.Tester／山本啓二（訳）『西洋占星術の歴史』恒星社厚生閣（1997年）
ジャン・スピラー／東川恭子（訳）『新月のソウルメイキング』徳間書店（2003年）
ジュディ・ホール／鏡リュウジ（序）／加野敬子（訳）『占星術バイブル』産調出版（2007年）
永田久『暦と占いの科学』新潮社（1982年）
Neugebauer／斎藤潔（訳）矢野道雄（訳）『古代の精密科学』恒星社厚生閣（1984年）
福本基『基礎からわかる伝統的占星術』太玄社（2020年）
Burk Kevin／伊泉龍一（訳）『占星術完全ガイド』フォーテュナ（2015年）
松村潔『完全マスター 西洋占星術』説話社（2004年）
マドモアゼル・愛『月の教科書』ビオ・マガジン（2021年）
南村悠介『クリスチャン・アストロロジー第1部だけでも熟読してみませんか?』プラフリー・キュリー（2019年）
門馬寛明『西洋占星術―あなたを支配する宇宙の神秘』光文社（1966年）
芳垣宗久『愛の小惑星占星術』説話社（2007年）
Lilly William／田中紀久子（訳）田中要一郎（訳）『クリスチャン・アストロロジー』太玄社（2015年）
"Christian Astrology, Books 1&2" by Lilly William, Astrology Classics（2005年）
ルネ・ヴァン・ダール研究所『いちばんやさしい西洋占星術入門』ナツメ社（2018年）
ルル・ラブア『占星学 新装版』実業之日本社（2017年）
脇田尚揮『占心行動学 ～運と命と自己超越の煌めき～』ヒューマン・ライフ出版（2022年）

著者紹介

五十六謀星もっちぃ（ごじゅうろくぼうせい もっちぃ）

10代の頃から占い一筋に生きる職業占い師。電話占い師として人気を博した傍らで、占い師の採用オーディションにおける実技審査員や各種プロデュース活動など、占いに関連する分野で多方面に活動。占い師を目指す人や新人占い師の指導実績も豊富。占い師のためのオンラインサロンを主催するほか、プログラム開発も手がけており、ブラウザ上で操作できる占いソフト『Prophetess』を開発。ananwebの連載などメディア出演多数。著書に『1日2時間で月10万円 はじめよう 電話占い師』（同文舘出版）がある。

【占い師になりたい人に向けた情報発信はこちら】
https://motty56.com/ent/tobe

占い大学
FORTUNE UNIVERSITY

占い大学®では、占いの様々な分野にわたるオンライン講座が数多く用意されています。占星術、タロットカードをはじめ、手相占い、ダウジングなど、占いの多角的なアプローチを学ぶことができます。

また、講座のレベルも初心者向けの入門講座から、プロの占い師を目指すための実践講座まで、豊富なラインナップが揃っています。

講座の内容は、基本的な知識から応用まで、幅広くカバーしています。占いの歴史や理論、占術の解説や占いの実践方法、そして鑑定の仕方やセッションの進め方など、実践的な知識やスキルが身につく内容となっています。

占い大学の講座は、占いに興味のある人や、自分自身の成長や向上を目指す人にとって、非常に魅力的なものとなっています。興味のある方は、ぜひ一度、講座に参加してみてはいかがでしょうか。

ただいま占い大学公式LINEから、期間限定の無料講座を公開中！
今すぐ、アクセスしてください。

占《うらな》い大学《だいがく》®公式《こうしき》テキスト
五十六謀星《ごじゅうろくぼうせい》もっちぃの西洋占星術講義《せいようせんせいじゅつこうぎ》

2023年9月9日　初版発行

著　者　　五十六謀星もっちぃ
発行者　　高木利幸
発行所　　株式会社　説話社
〒102-0074　東京都千代田区九段南1-5-6　りそな九段ビル5F
https://www.setsuwa.co.jp
企画協力　　占い大学®
イラスト　　五十六謀星もっちぃ
デザイン　　遠藤亜矢子
印刷・製本　　中央精版印刷株式会社

ISBN 978-4-910924-14-4 C0011